CFIEC
Center for International Economic Collaboration

研究叢書

国際通商ルールの最前線

非貿易的関心事項と自由貿易の相克
——緊張と調和——

一般財団法人 国際経済連携推進センター
新たな通商ルール戦略研究会

産經新聞出版

【序文】

東京大学名誉教授・元WTO上級委員会委員

松 下 満 雄

　一般財団法人国際経済連携推進センターに設置された「新たな通商ルール戦略研究会」において、2021年2月より2023年7月まで、23回にわたり現代の国際通商システムが直面する課題は何か、その解決の方策はなにかについて検討が行われた。本書はこの研究の成果を収録したものである。研究会に参加した委員名と肩書はこの序文の末尾に示されている。以下においては、当研究会報告書の背景にある問題意識について簡単に述べる。

　現代国際通商体制は大きなチャレンジに直面している。現代経済社会は市場経済でありその一環である国際通商体制も自由貿易を基調としている。現代の危機は、自由貿易の基本原則である市場経済（＝資本主義）の基盤が揺らいでいることに起因する。19世紀において、英国古典派経済学者デーヴィッド・リカードが比較生産費説[1]を唱え、自由貿易こそ諸国民の経済的厚生を極大化する途であると力説して以来、自由貿易主義は幾多の紆余曲折を重ねながらも、現在まで人類史上比類のない諸国民の所得の向上と生活水準の引き上げを実現してきた。今世紀の初頭がその絶頂期であり、この時期にフランシス・フクヤマが著書「歴史の終わり」（1992年[2]）において民主主義と自由経済の最終的勝利を高らかに宣言し、これからは戦争や諸国民の対立抗争は終焉し世界平和が到来するという夢のような超楽観的未来像を描いた。

　しかし、このユートピアはほどなく崩壊し、国際経済社会は未曽有の難局に直面している。

　現代は危機の時代である。この危機は市場に内在する要因によって発

生しているだけに、一層深刻である。この危機の要因は、自由な市場の結果としての経済活動が過度に大きくなり、地球環境、気候、人権など人類が当然の前提としてきた経済外的諸価値が圧迫されるようになったことである。この事態を放置すると、人間生活における経済の比重が不均衡に大きくなり、市場自体の崩壊につながりかねない。

　この事態を国際通商という局面からみると、従来は国際貿易・投資等の「自由」が最高善であったが、これとは異なる政策原理、すなわち、何らかの意味における「規制」を導入し、過剰な自由貿易を制御して両者のバランスを回復することが必要になってくる。国際制度面から見ると、従来自由貿易を支えてきたのが基本的には第二次大戦後に創設されたブレトン・ウッズ体制であり、IMF、世界銀行、GATT（後に、WTO）を中核とするものである。これらの国際的諸制度は、いずれも何らかの意味において自由経済を前提とし、これを保持していくための制度である。1995年のWTOの創設は通商政策史上画期的な出来事であった。この時期はフクヤマの「歴史の終わり」の出版と近接し、自由な国際通商秩序がこれによって創設維持されるとの「千年王国」の期待を抱かせるものであった。

　しかし、その後、事態は急速に悪化した。WTOの成立後3年目のシアトル閣僚会議は挫折に終わり、WTO閣僚会議は、それ以降は貿易円滑化協定の締結その他若干の例外を除き、新協定を創設することに成功していない。WTO停滞と軌を一にして、多くのFTA（自由貿易協定）が締結されるようになり、現在ではこの数は350ともいわれている。これはWTOが新協定を創設する能力を喪失し、新しい問題に対応できなくなったことの当然の結果であるが、FTAの叢生はWTOが基盤とする多角的貿易体制の例外の増加を意味し、WTOの影響力の衰退を示唆している。[3]

　これと共に、「非貿易的関心事項」（non-trade issues[4]）の重要性が増

大している。これはまさに本研究会が研究の対象とした事態である。すなわち、従来は自由貿易の維持が主要関心事項であったが、最近はこれと共に、自由貿易原理とは異なる政策原理、すわなち、他の価値基準に基づく何らかの規制措置の導入が必要ではないかとの認識が広まったが、このような事項を一括して非貿易的関心事項と呼んでいる。これらの事項は、本研究会が取り上げた安全保障と貿易、環境問題と貿易、人権と貿易、パンデミックと貿易等に代表されるものであるが、これに留まるものではなく、他にも伝統文化、動物福祉の思想、予想される世界的な水不足、食糧不足、その他資源枯渇と貿易の関係など多くの問題をも包摂するものである。

　非貿易的関心事項に基づく措置の多くは何らかの意味での通商制限を含み、この意味において自由貿易とは緊張関係を生ずる可能性がある。本研究会では、このような非貿易的関心事項とは何か、それに伴う規制とはどのような内容のものか、それと自由貿易原理との調和点は何処に求められるかという点を念頭におきつつ、現行の貿易ルール体系、すなわち、WTO/GATT、及び、FTAのルールとの非貿易的関心事項に基づく規制との整合性、不整合の場合の両者の調整、さらにこれらの自由貿易原理と異なる政策原理のWTO/FTAへの導入、それによる通商秩序体制の進化という点を中心として検討を行った。

　上記のように、本研究会では安全保障、環境、人権、パンデミックと貿易の法的関係という4分野を取り上げ検討した。詳細は本書に収録した各々の章をご参照いただきたいが、各分野につき、ごく簡単にその要点を提示しておく。

　第一は安全保障と貿易の関係である。この問題は古くからある問題であり、近年になって生じたものとは言えないが、現代国際関係における経済の比重が比類なく増大している関係で、安全保障に基づく輸出規制、輸入制限、対内直接投資規制等の経済に与える影響は従来よりも深刻化

する傾向にある。そこで、研究会では、安全保障に関する国際的ルール、すなわち、GATT 21条の例外規定、及び、各FTAにおける安全保障条項の適用状況とそのインパクト、輸出制限等各種制限と国際ルールとの整合性の有無、予想される将来の動向などについて考察した。

　第二は環境と貿易の関係である。近年の地球温暖化の傾向は著しく、その悪影響は我々が日常生活において明確に感じ得る程度に達している。例えば、本稿執筆時（2023年7月末）における世界の夏期1か月の平均気温は観測史上最高を記録したと伝えられ、我が国においても今年7月には連日最高気温が摂氏35度〜39度の猛暑日が続いた。また、台風やハリケーンの激甚化、集中豪雨の頻発、これに伴う水害等の被害の増加、北米大陸等における熱波、それに伴う山火事の頻発など枚挙にいとまがなく、これらはすべて来るべき気候危機の前兆と思われる。環境、特に地球温暖化（むしろ灼熱化？）対策は焦眉の急を告げている。この気候温暖化を制御する政策おいては、何らかの経済活動に対する公的介入（例えば、炭素税、排出量取引の導入[5]）は不可避である。

　このような自由経済と環境規制との緊張関係は、国際通商についても当てはまる。例えば、具体的には、排出量取引義務化、又は、炭素税賦課に伴って、必然的に国境税調整（国内で排出量取引義務化、又は、炭素税賦課を行う場合、国内産業と外国輸出産業との競争条件を均等にするために輸入品に特別課税をすること）が行われるが、それとWTO/GATTが定める自由貿易との関係はいかにあるべきか、などが問題である。本研究会においては、WTO/GATT、及び、FTAにおける貿易自由化の規定、環境政策のための例外規定、判例などの適用状況を考察し、将来の方向性について検討した。

　第三が人権と貿易である。最近の世界的な人権保護思想の展開と共に、人権上問題のある雇用慣行、例えば、人権軽視の労働条件、政治的理由による人権蹂躙の強制労働、それらの貿易との関係などが大きな国際問

題となっている。これらの問題は過剰な経済活動だけから生ずるものではないが、国際関係における経済の比重の増大に伴って、かかる人権問題もまた、通商に多くの負荷をかけるようになっている。例えば、人権無視の労働慣行は低コストの輸出品のダンピング輸出に繋がり、人権を遵守する国の労働条件に比して、不正な形での輸出品の比較優位の原因となる。本研究会では、人権保護の観点からの輸入制限（人権無視国からの製品輸入の禁止、制限等）などの問題を国際貿易ルールとの関係で考察した。

　第四がパンデミックと貿易である。パンデミックは経済の肥大化だけに起因するものではないが、経済活動が広汎になるにつれて、人類が未知のヴィールスに接する機会も多くなり、国際貿易投資が盛んになるにつれて、ヴィールスの国際的伝播も盛んになる。このようにして、経済活動とパンデミックは複雑な形で関連し合っている。本研究会では、このような事態を念頭に、パンデミックに伴う通商制限（必須医療関係物資、必須医薬品等の輸出規制）とWTO/GATT、FTAの関係規定、その許容範囲、公的機関による必須医薬品の共同購入・分配の仕組み（COVAX）などを考察した。併せて、パンデミック問題が医薬品の特許独占問題と密接に関連していることに鑑みて、必須医薬品の特許に関するGATT上のウェイバー（WTO設立協定9条3項によるGATT規律適用免除）の可能性、必須医薬品の特許に関する強制実施権（TRIPS協定31条）適用の可否などの論点を検討した。

　最後に2年半の長期にわたり23回の研究会で熱心に討論に参加され、各々のテーマについてご報告をいただき、報告書の作成に貢献された「新たな通商ルール戦略研究会」のメンバーの各位に深甚な謝意を表したい。

　さらに討論にご参加いただき貴重なご意見をお寄せいただいた経済産業省通商政策局通商機構部の各位、研究会の席上、特定問題についてご

講演をいだいたゲストスピーカー各位にも深く感謝の意を表する。

　またこの研究会の活動について絶大なサポートをいただいた一般財団法人国際経済連携推進センター、並びに、基礎調査、文献検索についてご協力いただいた株式会社野村総合研究所に心から御礼を申し上げる。

　本研究報告書の評価については読者諸氏のご批判を仰ぐほかないが、忌憚のないご意見を頂戴できれば幸甚である。

　2023年盛夏

「新たな通商ルール戦略研究会」を代表して

【注】

1　David Ricardo: *On the Principles of Political Economy and Taxation* (1817)

2　原著はFrancis Fukuyama: *The End of History and the Last Man* (Free Press, 1992); 邦訳は渡部昇一・歴史の終わり（三笠書房、1992年）

3　これらの事態の概観として、松下満雄・飯野文「現代国際通商システムのパノラマ」国際商事法務、第49巻第9号（2021年9月）pp.1093 – 1104を参照。

4　非貿易的関心事項については、小寺彰編著・転換期のWTO―非貿易的関心事項の分析（東洋経済新報社、2003年）、松下満雄「非貿易的関心事項への取り組みとWTOの今後―原論的考察」国際経済法学会年報第9号（平成12年）、宮坂富之助「非貿易的関心事項への取り組みとWTOの今後―問題提起」国際経済法学会年報第10号（平成13年）参照

5　環境政策の進展に関しては、世界で最も先進的なのはEUである。最近のEUにおけるEU―ETS（排出量取引制度）とCBAM（国境税調整）の検討及び進展については、笠井清美「貿易と環境の最新の展開（上）」貿易と関税2023年4月号、及び、同（下）貿易と関税2023年9月号に詳細な研究がある。

一般財団法人 国際経済連携推進センター
新たな通商ルール研究会

座　長

松下　満雄　　東京大学名誉教授・元WTO上級委員会委員

委　員（所属は研究会実施当時のもの）

飯野　文　　　日本大学 商学部教授
久嶋　省一　　コニカミノルタ株式会社 法務部第2グループリーダー（部長）
高村　ゆかり　東京大学 未来ビジョン研究センター教授
平見　健太　　長崎県立大学 国際社会学部准教授
渡井　理佳子　慶應義塾大学大学院 法務研究科教授

国際通商ルールの最前線

非貿易的関心事項と自由貿易の相克──緊張と調和──

目　次

第1章

安全保障分野

第1章　安全保障分野

Ⅰ　検討の視点

1　問題認識

　WTOは全体としては自由貿易を志向するものの、自由貿易に対する例外をも認めている。自由貿易は参加国全体の経済的厚生を増加させ世界経済の発展を図るものであるが、自由貿易は競争の世界であり、この原則を無制限に貫くと弱肉強食の世界となる。そこで、ある限定された場合にはこの自由貿易原則に対する例外を許容し、自由貿易＝競争によって惹起される政治的、経済的、社会的摩擦を緩和して、自由貿易原則の維持と円滑化を図ることが必要となる。このためにWTOはセーフガード、アンチダンピング、補助金相殺措置からなる貿易救済措置を認めている。また、事柄の性質によっては、自由貿易を貫くのが適切ではないものもある。例えば、文化保護、宗教の保護、環境保護等必ずしも自由貿易を100％貫くことが適切でない分野もある。これらを総称して「非貿易的関心事項」（non-trade issues）と呼ぶ。

　安全保障は、自由貿易を貫くことが適切でない非貿易的関心事項の最たるものであり、後述の通り国家に与えられる裁量も広い。ただし、従来、国家又は社会の存立の危機など経済原理を貫徹できない事態を回避するに際して、安全保障を理由とした貿易・投資制限は、1947年に制定されたGATTの第21条の安全保障例外の規定の下、戦争状態や軍需品などに限って極めて例外的に認められるものと位置付けられてきた。また、その安易な利用は濫用につながるとして、各国は安全保障例外で与えられた裁量を謙抑的に行使してきた。

　しかし、現実の国際経済社会は大きく動いている。近年は、上記のような事態や産品に止まらず、所謂"平時に於ける経済安全保障上の必要性"や"自然災害等の緊急事態対応への必要性"からの貿易投資に係る制限的措置が導入・発動される事案が国際的な潮流として見られ、これ

らを巡る紛争も増加している。

　その背景としては、近時の軍事技術に容易に転換し得る民生技術の発展や国家資本主義的な政策をとる中国の台頭、更にはウクライナ戦争やパンデミック発生による危機発生時の資源や医療品などの自国確保の必要性などがあるものと考えられる。因みに、我が国に於いても「国家安全保障戦略」を2022年12月に閣議決定し、その中で"有事と平時の境目はますます曖昧となってきている"、"国家安全保障の対象は、経済、技術等これまで非軍事とされてきた分野まで拡大し、軍事と非軍事の境目も曖昧になっている"との認識を示している。

　つまり、世界的な国家安全保障概念の拡大の中で、GATT第21条及び第20条の例外規定は極めて許容範囲が狭く、現行の通商ルールや投資システムが現下の国際経済社会のニーズに適切に対応できているとは言えず、寧ろ、こうした現実の国際社会の実態やニーズを反映できない通商ルールの枠組み自体が、ある意味でルールを軽視した一方的な貿易投資規制措置の導入を助長するような状況ともなっている。更に、政府調達や対内直接投資審査など、共通の国際ルールが事実上存在しない分野にも同様の動きが見られている。

　これらが更に相手国の対抗措置の導入を招き、また、米国主導の「自由だが安全な貿易」を実現しようとする枠組みであるIPEFの下での友好国内でのサプライチェーン強靭化や、2022年10月の先端半導体に関する米国の中国向け規制措置の導入などの動きを含め、国際展開する本邦企業は複雑で不透明要素の残る各国制度等への対応に追われ、具体的なビジネス展開の在り方に不安を募らせている。

　国際社会のニーズに的確に対応した明確な規律やルールを欠いたまま、"安全保障措置"が安易に発動され、相手国による対抗措置や報復が繰り返される事態となれば、国際貿易における予測可能性や透明性も失われ、そしてWTOを中心とした通商ルールへの信頼は崩れ、結果、自由

貿易体制の基本的枠組の崩壊につながる恐れがある。

　このため、恣意的な保護主義の動きに歯止めをかけつつも、如何に安全保障を巡る現下の国際社会のニーズを取り込み、通商ルールを現代化させていけるかが問われている。本研究会はこのような認識の下、政府調達、直接投資の審査基準などGATT以外の枠組みを含め、安全保障に係る通商ルールに関し、現状の整理と今後のルールのあり方、その課題や方向性の検討を行った。

2　WTOにおける安全保障例外規定

(1)GATT第21条

　先ずは現行のWTO の安全保障例外規定（GATT第21条、20条）を確認・整理する。

　WTOにおける安全保障例外の中核は物品貿易を規定するGATT第21条であり、これはWTOの前身である1947年のGATT成立時から変化がない。また、サービスに関する一般協定（GATS）やTRIPS協定もこれを踏襲し、ほぼ同様の文言で安全保障例外を規定している。

GATT第21条安全保障のための例外[1]

　この協定のいかなる規定も、次のいずれかのことを定めるものと解してはならない。

(a)締約国に対し、発表すれば自国の安全保障上の重大な利益に反するとその締約国が認める情報の提供を要求すること。

(b)<u>締約国が自国の安全保障上の重大な利益の保護のために必要であると認める次のいずれかの措置を執ることを妨げること。</u>

　(i)核分裂性物質又はその生産原料である物質に関する措置

　(ii)武器、弾薬及び軍需品の取引並びに軍事施設に供給するため直

接又は間接に行なわれるその他の貨物及び原料の取引に関する
　　措置
　(iii)戦時その他の国際関係の緊急時に執る措置
　(c)締約国が国際の平和及び安全の維持のため国際連合憲章に基く義
　　務に従う措置を執ることを妨げること。

　重要な文言は「締約国が自国の安全保障上の重大な利益の保護のため
に必要であると認める……措置を執ることを妨げること。」という部分
である。この文言は、ある規制措置をとる国家自身が、何が国家安全保
障上必要であるかを認定する権限を有すること、すなわち、いかなる措
置が国家安全保障上必要であるかの判断は、それを発動する国家の判断
に委ねられていることを示している。この文言を最広義に解釈すると、
いかなる措置がその発動国にとって国家安全保障上必要であるかは、全
面的に当該発動国の判断に委ねられており、WTOの司法機関（パネル
および上級委員会）はこの判断を審査できないこととなる。このような
国家の裁量権に何らかの国際的な規律の余地があるかないかが重要な論
点となる（これについてはⅡ1で触れる）。

(2)GATT第20条

　GATT第20条の一般例外規定は、同条の柱書（Chapeau）と例外（(a)
号から(j)号まで）とから構成されており、同条(a)号から(j)号までにおい
ては、例外として許容されるべき事項が列挙されており、柱書において
は、これらの例外事項の適用が恣意的又は不当な差別、又は、偽装され
た国際貿易に対する制限であってはならないことを規定している。すな
わち、GATT第20条による例外措置は、かかる措置が濫用されないと
いう条件付きで認められている。ところがGATT第21条においては、
GATT第20条の柱書のような濫用禁止規定がない。ここから判断する
と、GATT第21条による国家安全保障上の例外規定は通常の例外規定

よりも緩やかな条件のもとに認められている。

GATT　第20条 一般的例外

　この協定の規定は、締約国が次のいずれかの措置を採用すること又は実施することを妨げるものと解してはならない。ただし、それらの措置を、同様の条件の下にある諸国の間において任意の若しくは正当と認められない差別待遇の手段となるような方法で、又は国際貿易の偽装された制限となるような方法で、適用しないことを条件とする。

(a) 公徳の保護のために必要な措置

(b) 人、動物又は植物の生命又は健康の保護のために必要な措置

(c) 金又は銀の輸入又は輸出に関する措置

(d) この協定の規定に反しない法令（税関行政に関する法令、第2条4及び第17条の規定に基いて運営される独占の実施に関する法令、特許権、商標権及び著作権の保護に関する法令並びに詐欺的慣行の防止に関する法令を含む）の遵守を確保するために必要な措置

(e) 刑務所労働の産品に関する措置

(f) 美術的、歴史的又は考古学的価値のある国宝の保護のために執られる措置

(g) 有限天然資源の保存に関する措置。ただし、この措置が国内の生産又は消費に対する制限と関連して実施される場合に限る。

(h)〜(j)　略

3　分析のフレームワーク

　本研究会では、先ずは安全保障例外措置として導入されている貿易投資に関わる各国の措置についてGATTを中心に現行通商ルール上の評価を行うこととし、この為、以下の3つの類型に分けて分析を行った。

○第一の類型は、条文上、(b)号(iii)「国際関係の緊急時」に該当するもので、これを「類型A 戦時」とした。

○第二の類型は、上記の「国際関係の緊急時」に該当しない措置、つまり平時の措置のうち、WTOルール上の位置づけは不明確であるものの、既に複数の国際レジームに基づいて管理され、対象品や輸出手続き等に一定の合意が形成されている各国の安全保障貿易管理に基づくもので、これを「類型B 平時（安全保障貿易管理）」とした。

○第三の類型は、同じく「国際関係の緊急時」に該当しない措置のうち、安全保障貿易管理のような国際合意もないまま、安全保障を理由として一方的に導入される貿易制限的措置である。これはある国が国際的な合意なしに独自の判断で導入する措置であり、関税引上げや輸出規制といったWTOルールの規律が及ぶものから、投資制限や反制裁法のようにそもそも国際ルールが存在しない、又は不明確なものが含まれる。これを「類型C 平時（一方的措置／濫用）」とした。

以上の分類の下、各類型に属する各国措置の現状と対応の方向性を整理した。

特に近時の大きな流れとしても注目されるのは、一方的措置としてWTOとの整合性が問われる類型Cであり、これについては輸入規制、輸出規制、政府調達、対内投資審査、制裁対抗法のジャンルに分けて米国、中国、EUそれぞれの措置の現状分析・評価を行った。その上で、GATTの安全保障例外を巡る課題と対応の方向性の議論を整理し、併せて政府調達など共通の国際ルールが事実上存在しない分野についても、今後の対応の方向性を示すこととした。

Ⅱ　各類型に対応する現行通商ルールの解釈と課題

1　類型Ａ 戦時に採られる措置

⑴現行規定上の解釈

　基本的に、主権国が国際関係の緊急時に於いて自国の安全保障上の重大な利益保護のために必要と判断する措置は、最低限の説明義務はあるものの、例外規定に該当するとされる。

　このことは、他方で、問題となる措置が一見したところ戦争又はそれに準ずるような緊張関係との関係が明白でない場合、これは安全保障上例外に該当するとは認められない、ということになる。

　例えば、外国からのある産品の輸入によって国内産業が不利益を被る、ある産品の輸出を放置すると当該産品の品不足が生じ、国内におけるその産品の価格が若干高くなるなどの場合、それだけでは直ちにそれと国家安全保障上の密接な関連性が立証されたことにはならない。

①WTOの先例

　WTO/GATTパネルによるGATT第21条の例外規定の範囲に関する判断事例は甚だ少なく、旧GATT時代のものも含めても数件程度であるが、この中で類型Ａに該当し、ある程度明確な基準が示された最近の2つの事例は以下のとおりである。

⒤ロシア貨物事件（WT/DS512/R）

　第一の事例は、ロシア貨物事件（2019年）である。本件では、ロシアのクリミア半島併合を発端とするロシア・ウクライナ間の紛争に関連して導入された措置が問題となった。本件では、ロシアがウクライナ発第三国向け貨物のロシア領域の通過禁止等の措置を導入したが、ウクライナはこれらの措置が通過の自由を定めるGATT第5条に違反するとして、ロシアをWTOに提訴した。ロシアはかかる制限のGATT上の問

題は争わず、措置がGATT第21条に定める「国際関係の緊急時」に対処するため必要なものであり、同条に基づく措置はWTO協定の適用範囲外であってWTOパネルには判断権がないと主張した。

　パネルは、ロシアの主張を退け、パネルがGATT第21条の各要件を審査・決定をする権限を有すると判断した。そのうえで、本件ロシア措置はGATT第21条に規定する国際関係の緊急時に対処するために必要な措置であり、GATT第21条の安全保障例外の要件に適合し、第5条違反は例外として正当化されると判断した。この判断においては、GATT第21条にいう「国際関係の緊急時」は狭く解釈され、戦闘状態ないし交戦状態、及び、これに準ずる事態を言うものとされている。本件は両当事国から上訴されず、パネル報告書が採択されている。

(ii)サウジ知財保護停止事件（WT/DS567/8）

　第二の事例は、より最近のカタールとサウジアラビア間の紛争に関する事例である、サウジ知財保護停止事件である。2017年5月、カタールの国営放送局がハマスやイランを支持する内容のタミム首長の演説を放映したことから、カタールとサウジアラビア、アラブ首長国連邦、バーレーン、エジプトとの関係が悪化し、これらの国はカタールの外交官の追放や、カタール国民の国外退去を実施した。また、サウジ政府は自国民に対してカタール国民との関係を断絶するように働きかけた。

　本件はカタールが、海賊版を放映するサウジのテレビ局によってカタールのテレビ局がサウジで有する知的財産権（放映権、著作権等）を侵害されたと主張し、サウジをWTOに提訴した事件である。具体的には、カタール放送局がサウジにおいて上記侵害に対して民事的救済を求めるため、サウジの法律事務所を民事的救済のために委嘱しようとしたところ、この委嘱がサウジ当局の妨害にあって果たせなかった（サウジ政府の措置によって知財権侵害に対する民事的救済の実現を妨げられた）。また、カタールは、サウジ当局がこのサウジ海賊版放送局の知的財産権

侵害に対して刑罰を発動していない、と主張した。カタールは、サウジ当局の弁護士への委嘱妨害は、知財権実現の保障を規定するTRIPS協定第41.1条、及び、第42条に違反すると主張した。また、サウジ当局が刑罰規定を発動しなかったことは、加盟国は知財権侵害（特に商標権及び著作権侵害）に対して刑罰を付加すべきことを定めるTRIPS協定第61条に違反すると主張した。

サウジは、これらは戦時又はその他の国際関係の緊張時にとられた措置であり、TRIPS協定第73条(b)号(iii)に定める安全保障例外に該当し、カタールが主張する点についてはTRIPS協定の規律の例外となるとした。

TRIPS協定第73条 安全保障のための例外

　この協定のいかなる規定も、次のいずれかのことを定めるものと解してはならない。

……

　(b)締約国が自国の安全保障上の重大な利益の保護のために必要であると認める次のいずれかの措置を執ることを妨げること。

……

　　(iii)戦時その他の国際関係の緊急時に執る措置

パネルは、民事救済を求めることを阻害した措置は、サウジとカタール間の外交関係断絶、カタール国民のサウジへの渡航禁止など国際関係の緊急時にとられた措置に類するものであり、この意味において、TRIPS協定第73条(b)号(iii)に規定する国家安全保障のために必要な措置であったとし、TRIPS協定の規律に対する例外として許容されると判断した。

他方パネルは、サウジが刑罰規定を発動しなかった点について、そもそも刑罰規定は知財権侵害によって権利を侵害された特定の者を救済す

るためだけのものではなく、多様な第三者の権利保護にも影響を与える
ものであり、いわば権利侵害の一般的予防を図るものである。サウジ政
府がサウジの海賊版放送局によるカタールテレビ局の知財権侵害に対し
て刑罰規定を発動しなかったことが、直接的にカタールテレビ局の権利
実現の要素であったとは言えず、このサウジ政府の不作為はサウジが国
家安全保障のために緊急事態においてとった措置とは言えないとして、
サウジの主張を退けている。

　このパネル報告書に対して、サウジ政府はWTO上級委員会に上訴し、
現在係争中である。現状、米国が上級委員の欠員補充を拒否しており、
上級委員会は審議と決定ができず、係争中の状態が無期限に続く事態と
なっている。

②論点

　上記2事案のうちサウジ知財保護停止事件においては、同事件で問題
となったTRIPS協定第73条(b)号(iii)（GATT第21条やGATS第14条の2
ともほぼ同一の条文）に関し、安全保障例外の範囲等について特に詳し
く解釈が述べられている。

　その際の規定解釈上の重要な論点は、次の4点である。

　(ア)「自国の安全保障上の重大な利益」とはなにか

　(イ)「重大な利益の保護のために必要と認める……措置」の必要性の判
　　　断は、その措置を発動する国家の判断に全面的に任されているか

　(ウ)「戦時その他の国際関係の緊急時」とは、いかなる時か

　(エ)措置を「緊急時にとる」場合、その措置をとるタイミングはなにか

(ア)/(イ)「自国の国家安全保障上の重大な利益」、「重大な利益の保護のため
　　　に必要と認める」の解釈

　「自国の国家安全保障上の重大な利益」とは、国家の本質的機能
（quite essential functions）に関するものであり、国土や国民を外敵か
ら守り、国内の法秩序、公徳、国民生活の安全の確保など、国家の果た

すべき本質的な機能である。これらの機能は当該国家がおかれている状況によって異なるため一律の定義は困難である。また、何が「自国の安全保障上の重大な利益の保護のために必要」かは、当該国家がもっとも適切に判断できる事項であるから、その判断主体は原則として当該国家自体である。

　この事理を明らかにするために、TRIPS第73条等は加盟国が自国の安全保障上の重大な利益の保護のために「必要と認める」措置を安全保障例外の要件として規定し、国家自体が、当該措置が自国の安全保障上重要な利益の保護に必要か否かを判断する権利、すなわち、自己決定権を付与しているものと解される。

　しかし、この自己決定権を最広義に解釈すると、なにが当該国家にとって重大な国家安全保障上の重大利益に必要であるかの判断は完全に当該国家の裁量に服することとなり、WTO紛争解決機関（パネル及び上級委）には全く判断権がないことになる。この立場は、ロシア貨物事件におけるロシアの主張であるが、これでは国家の判断権が濫用され、いかなる非合理的な措置も正当化される危険がある。

　このため、ロシア貨物事件におけるパネル判断では、まずロシアの判断が退けられたところであるが、加盟国の自己抑制、すなわち、謙抑性をどのように求めるかが課題となる。そこでサウジ知財保護停止事件におけるパネルは、これを加盟国が負う「誠実義務」（good faith）に求め、この義務によって加盟国は安全保障例外の適用可否の判断に関して自己抑制が要求されるとした。この謙抑性、誠実義務とは、ウィーン条約法条約第26条が「効力を有するすべての条約は当事国を拘束し、当事国はこれらの条約を誠実に履行しなければならない。」と規定し、また同第31条1項が条約を誠実に解釈すると規定している通り、加盟国は条約への加盟によって義務を引き受けた以上、それを誠実に解釈し履行する責務がある。

ここから、安全保障例外を適用しようとする国家は、問題となっている措置と安全保障上の緊急事態の間の関連性に関して「最低限度の真実味」（a minimum requirement of plausibility）があることを説明する責任があることとなる。すなわち問題となる措置は、当該国家が直面している緊急事態に対処するために真に必要であることが合理的に認められるものでなければならず、問題となる措置が緊急事態と全くかけ離れ、両者は無関係、又は関係性が希薄であってはならない、ということになる。

㋒　［戦時その他の国際関係の緊急時］の解釈

　TRIPS協定第73条(b)号(ⅲ)によれば、国家安全保障例外は「戦時又はその他の国際関係の緊急時」に適用することができるとされている。「戦時」は国家間の宣戦布告をともなう交戦状態、及び事実上の敵対行動がとられている状態を指す。

　問題となるのは、「その他の国際関係の緊急時」の範囲である。サウジ知財保護停止事件パネルによると、「国際関係の緊急時」とは「実際的もしくは潜在的武力紛争、緊張もしくは危機の高まり、又は国家を取り巻く包括的な不安定の状態」を意味し、これは「防衛」、「軍事」、「法秩序の維持」などに関する特定種類の関心事と理解されている。例えば、国際的テロ組織の破壊活動、外国の公船又は外国政府の指令を受けた私船による頻繁な領海侵犯などがこれに含まれる。

　すなわち、「その他の国際関係の緊急時」とは戦争状態及びこれに準ずる事態を意味し、何らかの緊急的、非日常的状況である。単なる政治的対立（例えば、国家間の非難の応酬、熾烈な論争など）、又は、経済的対立（例えば、輸入禁止、輸出禁止など）は、そこに何らかの異常性、非日常性が認められなければ、それ自体としては「その他の国際関係の緊急時」には当たらないと考えられる。

㋓　「緊急時にとる」の解釈

　国家安全保障例外が認められるためには、国家が緊急時に対処するた

めにとる措置が国家間の「緊急時」にとられたものでなければならず、緊急事態と措置との間の「同時性」が必要である。措置が緊急時と同時にとられたものでなければ両者の間の関連性が認められないので、これは安全保障例外の発動要件としては当然の事理である。

(2)留意事項

①パネル判断の意義

パネルの示した解釈は、国家安全保障という国家裁量が極めて大きい分野に配慮し、一義的には国家が「自国の安全保障上の重大な利益の保護」の必要性については当該国家に判断権を残し、また「重大な利益」の内容は事案によって異なるとしてその柔軟性を認めている。

他方、パネルは濫用の防止にも注意を払っている。すなわち、上記「重大な利益の保護のための必要性」について、国家には信義誠実に義務を履行する責務があるから最低限の説明義務があること、また「戦時又はその他の国際関係の緊急時」は戦争状態及びこれに準ずる事態を意味し、何らかの緊急的、非日常的状況であるとして、これ自体は例外的な事態を意味するとしてその範囲を限定している。

ロシア貨物事件およびサウジ知財保護停止事件という2つのWTOパネルの判断は、国家裁量権の確保と司法審査による濫用防止の間でバランスを取った判断といえる。

②課題

しかし、サウジ知財保護停止事件のパネル報告によれば、ある措置が自国の安全保障上の重大な利益の保護に必要であることを立証することの困難の度合いは高くなく、当該国家は状況に応じて最低限満足すべき証明をすれば足りるとされている。つまり、どの程度の説明を行えば説明義務を果たしたことになるかについては、信義則という抽象度の高い基準で判断されるため、加盟国にとって自国の措置が安全保障例外で正当化されるか否かは判然とせず、予測可能性は低いということになる。

〈補論〉ウクライナ侵攻に伴う対ロ制裁措置

　WTOの判断が下されたものではないが、戦時の安全保障例外に関する議論に影響を与える事案として、2022年2月にロシア軍がウクライナ領内へ侵攻をきっかけとした制裁措置がある。対ロシア制裁は、措置の迂回を防ぐためG7等で連携を取りつつ進められているため、各国の措置はおおむね共通している。そこで、以下は日本の措置を代表例として対ロシア制裁の安全保障例外との関係性を検証する。

　対ロ制裁は、ロシアとの輸出入に関する制限、ロシア中央銀行・主要金融機関や要人の資産凍結といった金融制裁、ロシア要人の入国制限等、多岐にわたる。また、WTOとの関係では、ロシアの最恵国待遇を撤回するよう努めることが2022年3月のG7首脳会議で決議され、日本は2023年8月に後述する法改正を行ってロシアの関税に関する最恵国待遇を撤回している。

　また、関税以外の措置で特に貿易と関係が深いのは輸出入禁止措置で

図表1　ロシアとの輸出入に関する禁止措置

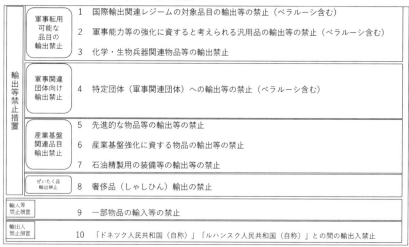

経済産業省「外国為替及び外国貿易法に基づく輸出貿易管理令等の改正について（ロシアの産業基盤強化に資する物品の輸出禁止措置）」（2023年8月）を基に作成

あるが、2023年8月時点では図表1の制裁が導入されている。

　以上の最恵国待遇の撤回や輸出入禁止といった貿易制限措置について、WTOルールとの整合性が問題となる。まず、最恵国待遇を撤回しWTOの譲許率以上の関税を課すことや、他国と異なった関税を適用することはそれぞれGATTの第2条、1条に違反する。また、輸出入制限は数量制限に該当し、これを一般的に禁止するGATT第11条の違反ともなる。

　もっとも、こうした違反はⅡ1(1)で論じたGATT第21条、つまり安全保障例外によって正当化されると考えられる。日本の例をとると、最恵国待遇の撤回に際して改正された関税暫定措置法は、新たに第3条として下記の条文を新設している（下線を追加）。

（改正後の関税暫定措置法第3条）

　「国際関係の緊急時において、世界貿易機関を設立するマラケシュ協定附属書一Aの1994年の関税及び貿易に関する一般協定（以下「一般協定」という）による関税についての便益を与えることが適当でないときは、政令で定める国（その一部である地域を含む）を原産地とする物品で政令で定めるもので、政令で定める期間内に輸入されるものに課する関税の率は、関税法第三条ただし書（課税物件）の規定にかかわらず、関税定率法第三条（課税標準及び税率）の規定（前条の規定の適用があるときは、同条の規定）によるものとする。」

　ここでは「国際関係の緊急時」というGATT第21条の文言をそのまま使用しており、WTO協定上の安全保障例外に合致するよう配慮していると考えられる。まず、今回のロシアによるウクライナ侵攻は、ウクライナの首都そのものの占領を目指すなど武力行使の烈度において2014年のクリミア危機を大幅に上回っており、同危機を国際関係の緊急時と認定した先例（ロシア貨物通過事件）に沿えば、今回も国際関係の緊急時に該当すると考えられる。

ただし、問題となるのは、直接侵略を受けていない諸国についても措置の発動が安全保障上の例外措置として認められるか否かである。

　まずは、当該措置が「自国」の安全保障上の重大な利益の保護に必要といえるかどうかが問題となる。例えば、プーチン大統領が、米国、EU等に対して、「飛行禁止区域設定なら交戦と見なす」、「対露制裁は宣戦布告のようなものだ」等の威圧的な発言を繰り返し、また、核抑止部隊に特別警戒態勢を取るよう指示を下しているような場合に、これらのロシアからの威嚇に対してこのような措置を講ずることには、自国を保護する安全保障上の必要性、利益があるといえよう。

　また、自国に対して直接の脅威でない場合においても、集団的自衛権に基づいて措置をとる場合のように、その措置をとることが条約上の義務となっている場合には、かかる義務の履行として自国と密接な関係を有する国に対する脅威に対して取られる措置はGATT第21条で正当化されうるのではないかと考えられる。

　以上のように、ロシアのウクライナ侵攻に際して日米欧等が導入した対ロシア制裁は、WTO先例の解釈に基づけば、安全保障例外として正当化できると考えられる。安全保障例外はこうした戦時下という緊急時においては適切に機能しているといえる。

　もっとも、今回の関税暫定措置法においても「国際関係の緊急時」の定義が明確化されていないなど、将来的には謙抑的な運用がなされず濫用を生む懸念もあるため、今後の運用の推移を見守っていく必要がある。

2　類型B 平時に採られる措置（安全保障貿易管理）

(1)現行規定上の解釈

　安全保障貿易管理レジームに基づく措置も、物品の輸出を制限するものである以上、数量制限の一般的禁止に違反し、また特定の懸念国につ

いて特に厳しい貿易制限を行う場合には、当該国以外の国との差別があるため最恵国待遇義務違反となる可能性がある。

　但し、安全保障貿易管理は軍事用途の物品を対象とし、国家の安全保障を目的とした措置であるため、安全保障例外を規定するGATT第21条上、現行の安全保障貿易管理制度をカテゴリカルに違法とするものではないと考えられる。

〈論点〉

　GATT第21条のうち安全保障貿易管理を正当化する条文は、第21条(b)号(ii)「武器、弾薬及び軍需品の取引並びに軍事施設に供給するため直接又は間接に行なわれるその他の貨物及び原料の取引に関する措置」である。(ii)についてはWTOでの先例がないため、近時の学説等に基づいてこれを解釈する。[2]

　(ii)が対象とする物品は、「軍事施設に供給するため……その他の貨物及び原料」とある通り、軍需に向けた専用品のみならず、民生品であっても軍事利用されうる汎用品も含めた規定となっており、食糧や衣類等の兵站用物資も含まれると考えられる。

　「軍事施設に供給するために直接・間接に行われる取引」とは、まさに輸出管理で規制対象とする「軍事用途」向け取引と考えられ、現行の安全保障貿易管理で行われる用途・需要者の確認やそれが確認できない場合の制限は、「軍事施設に供給するため」のその他貨物及び原料の「取引に関する措置」に該当すると考えられる。

　GATT第21条柱書の「自国の安全保障上の利益」の解釈については、輸出先の懸念国における軍事利用のリスクがあるため、これが該当すると考えられる。

　次に、「締約国が必要であると認める」の解釈は、文言から緊急事態と「非常にかけ離れているか無関係」でない限り、基本的には締約国自身の判断が尊重されるとされる（Ⅱ2を参照）。安全保障貿易管理が行

う「軍事用途に使用されないかどうかの確認のため、最終用途、最終需要者を確認し、許可の可否を決定する」との制度的枠組は、緊急事態の懸念に対して軍事利用に向けた取引を規制する実効性があり、「非常にかけ離れているか無関係」でない、つまり必要性が認められる措置といえよう。

(2)留意事項

　以上の分析から、WTO協定には明文化はされてはないものの、WTOはカテゴリカルに現行の安全保障貿易管理制度を違法とするものではないと考えられる。ただし、制度それ自体がWTOルールに整合的であるとしても、実際の運用を含めたルール整合性までが保証されるわけではない。この点は具体的に行われた個々の制度運用に依存するが、例えば同様のリスクがある国々の中で一方国だけを厳しく規制するといった差別的な運用や、急で不合理な取り扱いの変更等については、安全保障との合理的な関連性を説明できず、WTO整合性が否定される可能性もある。

　後述するように、近年、軍需品への転用可能なデュアルユース技術が急速に発展する一方で、ワッセナーアレンジメントでは規制対象品目の追加選定に42カ国の合意が取りにくく、結果として安全保障貿易管理の枠組は、技術進歩への対応に遅れる実態があるとされている。米国などはこうした状況に嫌気がさし、一方的措置に走っている面があるのではないか、と指摘されており、類型Cの措置発動を抑止する観点から、その運用や制度面のあり方について必要な対応を検討していくことが重要である。

〈参考〉 安全保障貿易管理に関する国際レジーム

　貿易の自由化を志向するWTO/GATTにおいても、あらゆる製品の自由化を図ってきたわけではない。自由化から除外されるべき製品として軍事用途の製品があり、東西冷戦期には軍需品や核兵器、生物兵器等の開発につながる製品について、これらが敵対勢力の強化につながるこ

とを避けるため、輸出許可制度の採用など一定の通商への制限が課されてきた。これは具体的には、西側の対共産圏輸出統制委員会COCOM規制等の形で規律されていた。

東西冷戦は1995年のWTO成立前に終了したものの、COCOMを発展させる形で、懸念国への機微技術や製品の流出を防ぐ国際的な安全保障の観点から今日の安全保障貿易管理レジームが設立された。下図に示す通りワッセナーアレンジメントやオーストラリアグループなど、複数の安全保障輸出管理の国際レジームがある。[3]

下記国際レジーム参加国は、各国の国内法に基づいて輸出管理等の貿易管理を実施している。輸出管理は、輸出する製品に関する最終用途、最終需要者（ともに軍事利用の懸念がないか）の確認が基本的プラクティスであり、それが確認・検証ができない場合には、当該製品の輸出が不許可となるという枠組みが基本である。

日本においては、外国為替及び外国貿易法（外為法）がその根拠法とされ、リスト規制、キャッチオール規制等の許可性が採用されている。[5]

図表2　安全保障貿易管理に関する国際レジームの概要[4]

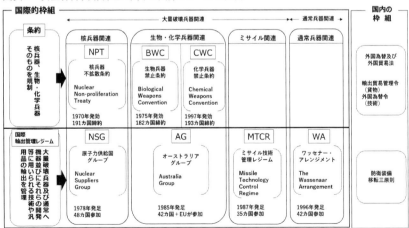

経済産業省「安全保障貿易管理の制度について」（2022年4月）を基に作成

3 類型C 一方的措置/濫用

⑴一方的措置とその増加の背景
①一方的措置
　一方的措置とは、当該行為を規律する既存の国際ルールが存在しない又は不明確な中で、国家が自らの判断によって導入する通商制限措置を指すものとし、具体的には、関税引き上げ等の輸入規制、輸出規制、政府調達からの排除、対内投資審査制度、制裁対抗法が含まれる。

②増加の背景
　こうした一方的措置が近年増加した主な背景としては、第一に、平時における経済と安全保障の接近がある。技術革新の影響により、従来は単なる民生品であったものが容易に軍需転用可能となっており、軍需品にも利用可能な民生品、いわゆるデュアルユース品が増加している。例えば民生用の無人航空機（ドローン）は偵察機や攻撃機に転換され、監視カメラやその画像を検知する画像認識技術（これはAIと呼ばれる技術のひとつである）も容易に軍事転用可能である。

　第二に、国際関係におけるパワーバランスの変化、特に中国の台頭がある。中国は2004年のWTO加盟後も経済発展を続け、世界第二位の経済規模を持つに至るとともに、西側よりも広範な安全保障概念を念頭に、安全保障と経済政策を一体化させて軍事力をも強化している。安全保障上の脅威である中国に自国の先端製品や技術が輸出されて中国の防衛力の強化につながる、あるいは、自国の国防上重要な産業が輸入によって産業基盤を破壊されてしまうとの懸念から、米国が安全保障を目的とした貿易制限措置を導入するに至っている。

　第三に、サプライチェーンの拡大とパンデミックのような危機における脆弱性がある。自由貿易体制の拡大に伴い、企業は製造工程を分割し、当該工程を実施する上で最も有利な場所（例えば人材等の資源が豊富、

コストが安い等）に配置している。結果、サプライチェーンは長大化・複雑化し、工程の一部が切断されただけでサプライチェーン全体が甚大な影響を受ける。このような脆弱性を活用し、競争相手国に対して打撃を与える輸出規制等の措置が導入されている。

⑵主要国・地域（米国、中国、EU）に於ける一方的措置の概要

　以下、米国、中国、EUについて一方的措置／濫用とされる法制度や運用実態について、輸出入規制、政府調達、対内投資規制及び制裁対抗法のジャンルに別けて概観する。

①米国

　米国は2010年代より、安全保障を理由として、輸出入制限、投資審査の強化、政府調達の規制強化といった措置を導入してきた。相手国を明示していない措置もあるが、中国を主要なターゲットとしていると考えられる。これらの措置はオバマ政権の後期に始まり、特に2016 ～ 20年のトランプ政権時代に強化され、政権交代を経た現在のバイデン政権でもおおむね引き継がれている。

　米国措置の特徴としては、大統領に与えられる権限の強さがある。例えば、拡大通商法232条に基づく通商制限は、安全保障について法令上の定義を置かず、大統領が安全保障上の脅威の内容を判断する枠組みとなっている。また、同法上は脅威の排除に向けどのような通商制限措置をとるかについても大統領に判断権があり、輸出入規制など広範な通商制限措置が導入可能である。

　同様に、対内投資審査においても最終的に外国企業による米国事業の買収を認めるか否かの決定権は大統領にあり、当該投資が安全保障上どのような脅威を与えると判断したかといった理由の提示は求められない。

⒤輸入規制：拡大通商法232条措置

　米国は、1962年拡大通商法232条に基づく商務省調査と、それを受けた大統領令に基づき、2018年3月、鉄鋼25%、アルミニウム10%の追加

関税の賦課を決定した。同法では、安全保障上の脅威について商務省が調査を行い、大統領が調査結果を基に安全保障上の脅威を排除するための措置の内容を決定することとされている。

商務省は上記措置に関する調査レポートにおいて、「軍需目的に使用される鉄鋼やアルミニウムの調達は健全な国内の鉄鋼・アルミニウム産業に依存している。しかし、鉄鋼・アルミニウム製品の過剰な輸入が国内産業の稼働率を引き下げ、産業基盤を維持することが難しくなる結果、鉄鋼やアルミニウムの軍需調達に支障が生じ、安全保障上の脅威となっている」との論理の下、具体的には次のようなポイントを指摘している。

○「安全保障」概念は戦闘能力の全世界的展開及び重要インフラを含む

○「安全保障」目的に使用される鉄鋼やアルミニウムの調達は、健全な国内産業に依存する

○鉄鋼やアルミニウムの過剰な輸入は、国内産業の稼働率を引き下げ、「安全保障」の脅威となっている

○鉄鋼やアルミニウムの輸入を制限することが「安全保障」上必要となる

本件措置は、かねてより問題視されてきた中国の補助金交付による過剰生産能力を背景とする鉄鋼・アルミニウムの安値輸出への対応を目的とした措置と考えられる。米国はある時期まではアンチダンピングや補助金相殺関税といった貿易救済措置を用いてこれに対抗してきたが、特に補助金相殺関税についてはWTOの補助金ルールの解釈に不満を持っており、本件措置の導入に踏み切ったと考えられる。

これに対し中国は2018年3月、米国の232条の措置は譲許税率を越える関税を課していること、米国の措置が例えばセーフガード措置だと主張するならばSG協定に違反していること、またGATT第1条（最恵国待遇義務）の違反であることを主張し、WTOに対して提訴した。その後、中国に続き、インド、EU、カナダ、メキシコ、ノルウェー、ロシ

ア、スイス、トルコもWTOに提訴を行った。

その後の提訴国を巡る動きは以下のとおりである（時系列にて記載）。

・2019年7月、カナダとメキシコは米国とのUSMCAの締結に伴いパネル手続きを終了。

・2021年10月、EUは対象産品への関税割当導入等の条件で米国と措置撤廃に合意し、2022年1月申し立てを取り下げ。代わって二国間仲裁手続に付託したが、現時点手続きは停止している。

・2022年12月、パネルが中国、ノルウェー、スイス、トルコの提訴についての判断、報告書を公表（インドとロシアについては判断が示されなかった）。

・2023年1月米国は上記裁定に対して上訴する意向を表明（上級委員会は機能停止に陥っているため、最終的な裁定結果は同委員会の再開まで保留となる見通し）。

・2023年6月、ロシアの提訴について、パネル作業の停止を発表。

・2023年7月、インドは米国と合意に達したとDSBに通知がなされ、パネル作業が終了。

(ii)輸出規制：輸出管理改革法／輸出管理規則（ECRA/EAR）

2018年8月、米国は輸出管理改革法（ECRA）を制定した。同法は米国の輸出管理に関する基本方針を明らかにするとともに、実質的な輸出規制の内容を下位規則EARで定め、これを随時更新している（最新の改正は2022年10月⁶）。ECRA/EARは従来の輸出規制でカバーしきれない「新興・基盤技術（emerging and foundational technologies）」のうち、米国の安全保障にとって必要な技術を輸出規制対象とすることなどを定め、人工知能等の技術をリスト化している。

特に重要な点は、ECRA/EARに基づいて中国のHuaweiやその関連企業への強力な輸出規制が導入されている点である。米国は中国の携帯電話基地局や端末の製造者であるHuawei等を主なターゲットとして輸

出規制を実施し、2020年には米国原産の技術等により製造した機器を使って生産した半導体等をHuaweiとその関連会社に供給することを禁止する措置を導入している。ここでは、第三国から中国への輸出品、例えば台湾のファウンドリーで製造された半導体であっても、米国原産の技術、例えば回路設計ソフト等を用いたものについて輸出規制を行っている点が特徴的であり、これによりHuaweiの半導体調達が困難になったと指摘されている。

2022年10月のEAR改正により、米国原産の技術の範囲が拡大され、従来規制されてこなかったコンピュータ関連や暗号関連の技術、すなわち電子デバイス、コンピュータ、通信、暗号・情報セキュリティ関連の技術が規制対象に網羅されている。結果、例えばWindowsサーバーを使って設計された製品などが規制対象となることとなった。

また、ECRA/EARでは、米国からの通常の輸出に加え、米国産品を米国以外の国を介して第三国に輸出する「再輸出」、および、米国産品は実際には輸出されないが、米国内や第三国で外国人に対して米国製品に関する「技術」やソースコードを開示する行為（米国内で行われる場合「みなし輸出」、第三国で行われる場合「みなし再輸出」と呼ばれる）についても規制している。

ここにいう「米国産品」には完全に米国内で生産されたものに加え、外国産品でも「一定比率以上米国産品を組込んだもの」や「米国技術により直接製造されたもの（直接製品）」を含んでいる。「米国産品」について、民間企業は自社製品の米国産品の組み込み比率や米国技術の利用を確認することが求められ、サプライチェーンが高度化し様々なサプライヤが最終製品に至るまでに関与する中で、これを適切に確認することが難しくなっている。

2022年10月の改正において、半導体の製造関連に関するエンドユース規制が導入された。これは、以下の①から③の用途に、EAR上の規

制品目（これは厳密には①〜③で異なる）が使用される、または、使用されると知りうる場合、原則輸出を許可しないとするものである。

①中国に所在する、または中国向けのスパコンの開発、製造、使用（操作、据付を含む）、保守・点検、修理、改修施設（日本など中国国外に所在する中国企業の関連会社向けの場合を含む）

②先端半導体（特定の高度なロジック半導体、NANDメモリ等）を製造する中国所在の半導体製造施設

③中国に所在する半導体製造施設（②を除く）

　ただし、先端半導体を非懸念国に本社のある企業が中国において開発・製造する場合にはケースバイケースで判断されることとされている。

ⅲ)政府調達：2019年国防権限法（NDAA）

　2019年国防権限法において、中国の特定企業（Huawei、ZTE等）に関して、米政府機関の調達からの排除を規定した。まず、2019年には中国企業5社製の製品およびそれらを組込んだ製品、続いて2020年には、それらを「使用している」企業が提供する製品も、排除の対象とされた。

　特に問題なのは中国企業の製品を「使用している」企業が提供する製

図表3　米国・国防権限法に基づくサプライチェーン確認義務

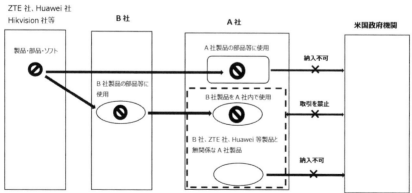

"NATIONAL DEFENSE AUTHORIZATION ACT FOR FISCAL YEAR 2019", Sec.889を基に作成

品の排除である。例えば、米政府機関に製品を納入するA社はB社製品を社内利用しており（社内LAN用にネットワーク機器を利用等）、B社製品にHuawei社の製品等が用いられている（チップや開発ツール等）とする。この場合、A社製品にはB社製品が組み込まれないにも関わらず、B社製品がA社内で用いられることで、米国政府機関との取引が禁じられる。

　また、A社は一次サプライヤだけでなく、サプライチェーンを遡って制裁対象となる中国企業の製品が使われていないことを確認する必要がある。このような確認は、A社にとって極めて大きなコストとなる。また、サプライヤであるB社にとっても、自社は米国政府機関との取引がないにも関わらず、B社との取引維持のために米国政府の政府調達に関する規制への対応を迫られることとなる。尚、2020年の制度導入当時は米当局より当該規制に関連する問い合わせを受けた企業が日本企業にも複数見られたが、その後、問い合わせが減少した模様である。Huawei、ZTE等製の部品等の組込に関しては、類似の州法を施行する州が出現したことなどもあり、2023年1月現在も米当局による確認・問合せ事例が報告されている。

ⅳ 対内投資規制：CFIUS審査

　米国において、対内投資審査制度が本格導入されたのは1988年である。大統領は、外国の支配が米国の安全保障に脅威を及ぼすことについて信頼できる証拠があり、国家緊急経済権限法による以外に安全保障を確保する手段がない場合は、対象取引を停止または禁止する権限を有する。大統領は、審査権限を対米外国投資委員会（CFIUS）に委任している。

　現行の2018年の外国投資リスク審査近代化法（FIRRMA）は、近年の技術の進歩等を反映してCFIUSの審査対象を大幅に拡大した。[8] 対内投資審査の審査対象、審査基準は次の通りである。

【CFIUSの審査対象（1～3のいずれか）】

1　対象支配権取引（31 C.F.R §800.213）

米国事業を支配する可能性のある取引（米国内の事業であるか否かを問わず広く含まれる）

2　対象投資

支配に至らない取引であって、外国投資家にTID米国事業（TIDは、Critical Technology、Critical Infrastructure、Sensitive Personal Dataの最後の単語の頭文字）に関する次のいずれかの権限を付与するもの

⑴非公開の重要な技術情報へのアクセス

⑵取締役会・同等の機関につき、構成員・オブザーバーとしての参加権、候補者の指名権

⑶議決権行使以外の方法による以下についての実質的な意思決定権
米国市民の機微な個人データの使用、開発、取得、保管または公表
重要な技術の使用、開発、取得、または公開
重要インフラの管理、運営、製造、または供給

⑷外国人の権利変更が1、2となる場合

⑸その他、対内直接投資規制法の適用の回避を意図する取引等

3　対象不動産取引（31 C.F.R §802）

【審査基準（考慮要素)】

審査基準（考慮要素）は、国防・軍事、国土安全保障、そして機微技術・データ保護の各領域につき規則や議会決議によって定められている。審査過程で作成された文書は、情報公開請求の対象外とされる。

【主な審査ケース（抜粋)】

主な審査事案は次頁の表の通りである。

審査年	投資家所在国	審査結果	概　　要
2018年	中国	CFIUSの審査段階で不承認	中国のインターネット大手アリババの子会社であるAnt Financialは米国の国際送金を手掛けるMoneyGram社の買収を試みたがCFIUSの審査段階での不承認によりこれを断念した。理由として、Money Gram社が金融に関する個人データという機微情報を扱っていた点が考えられる。
2018年	日本	CFIUSの審査段階で不承認	LIXILグループはイタリア子会社Permasteelisa社（売上の4割は米国）の中国企業への売却について、CFIUSの承認を得られず、株式譲渡契約を解除した。結果、同社の2019年3月期業績において235億円程度の減益要因となった模様である。
2020年	中国	トランプ大統領による不承認	米StayNTouch社はホテル向けに宿泊者や資産の管理を行うモバイルサービスを提供しているが、中国の公営企業である北京中長石基信息技術社が同社を2018年に買収した。しかし、2020年になってCFIUSの審査が実施され、この買収が安全保障上の脅威に当たるとして売却を命じる大統領令が発令された。承認が得られなかった理由は不明であるが、要人の宿泊履歴等にアクセスできることや、大量の米国人の個人情報にアクセスできる可能性が指摘できる。
2020年（2021年撤回）	中国	トランプ大統領による不承認、バイデン大統領による撤回	2017年に中国の動画共有アプリ等運営会社であるByteDanceは、米Musical.lyを買収したが、2019年になってCFIUSの審査対象となった。トランプ大統領は、米国市民の個人情報の保護の観点から買収計画を不承認とし、ByteDanceが米国内で運営する動画共有アプリTikTok等の使用を禁止した。しかし、2021年にバイデン大統領はこれを撤回した。2023年1月現在、ByteDanceは米国事業の継続に向けて、CFIUSとの協議を継続している。

②中国

　中国による一方的措置は、中国独自の安全保障概念である「総体国家安全観」に基づいて導入されている。この「総体国家安全観」は中国の習近平主席が2014年に公表した概念であり、「国家安全」を政治、国土、軍事、経済、文化、社会、科学技術、情報、生態系、資源、核の11項目に拡大したものである。特に、経済や文化といった、従来必ずしも安全保障の中に区分されてこなかった領域をも安全保障上重要な領域と位置付けていることが特徴的である。

　「総体国家安全観」により、中国は我が国を含む西側諸国と異なった国家安全の範囲を持つに至っており、西側諸国より広範な措置が安全保障を理由に導入されている。こうした措置は安全保障概念の範囲を異にする国からは濫用的とみなされうるため、安全保障を理由としているものの実質的には保護主義的措置であるとの批判を招き、国際紛争を生じさせる可能性がある。

(i)輸出規制：輸出管理法

　輸出管理法は、中国が導入した初の包括的な輸出管理法令であり、2020年12月に施行された。細則類の整備が遅れており未だ本格運用されていないため、それまでは既存の輸出管理関連法令（大量破壊兵器関連の輸出規制制度が複数存在）が運用されることとなる。

　同法について、特に懸念される点は次の通りである。

○みなし輸出：中国国内で行われる貨物・ソフトウェアの外国人・企業への提供を輸出とみなす

○域外適用：輸出許可条件の遵守確認など、輸出相手国の輸入者に対する立入検査や処罰権限を規定する。輸出許可条件として用途や転売先の管理を義務付ける可能性が高く、部分的に再輸出規制の効力を持つ可能性がある。また、商務部の本法に関する解説動画の中では米国型の再輸出規制を導入する旨の言及がある。

○立法趣旨が軍事利用可能な製品の規制に限定されない（後述）

　輸出管理法は、立法趣旨が一般的な安全保障貿易管理制度と異なっている。一般的な安全保障貿易管理制度はあくまで軍事利用可能な製品に関する輸出規制を定めるが（Ⅱ2を参照）、中国は「総体国家安全観」に基づいて立法趣旨の中で「重要戦略希少資源」の保護に言及しており、軍事利用可能か否かに必ずしも着目していない。

　中国はこの条項に基づいてレアメタルやレアアースが「重要戦略希少資源」に当たるとして、これら資源の輸出を規制する可能性がある。こ

れは2013年にWTO紛争解決手続でWTOルールへの違反が確定した中国のレアアース輸出制限措置を、新たに安全保障例外により正当化を図るものと推測され、これはまさに「総体国家安全観」が具体的な措置に結実する一例といえる。

(参考) 輸出管理法の条文とその起草説明[9]

第三条　輸出管理業務は総体国家安全観を堅持し、国際平和を守り、安全と発展を統一的に計画して、輸出管制管理とサービスを整備しなければならない

起草説明に記載された「立法の必要性」

㈠輸出管理は我が国の国家安全と利益の発展を護るための重要な手段である。大量破壊兵器、通常兵器及びその両用貨物と技術が国際社会において拡散するリスクを防ぐことにより、国家安全を維持し、テロや暴動を防ぎ、重要戦略希少資源を保護し、国際的な義務を履行する等の面で重要な作用をし、切実に国家安全と利益発展を維持する。

㈡省略

㈢省略

(ii)政府調達：安全可控（安可）/信息化応用創新（信創）

　安可/信創は政府調達から外国製（中国内の外資系企業を含む）のICT製品を排除する制度であり、政府機関のサイバーセキュリティ確保を目的とした安全保障上の措置である。中国政府機関とサーバーや事務機、ネットワーク用のセキュリティ機器を取引する企業は、これら製品のCPUなどの集積回路、OSやアプリなどのソフトウェアに関し中国政府が認証した製品を使用するよう求められる。

　ただし、安可／信創は制度が導入されていると報じられるものの、具体的な制度の存在について外資系企業に対して明らかにされていない。結果、具体的な法令等の提示が難しく、WTO等の紛争解決における立証活動が困難となっている。

ⅲ)対内投資審査：外商投資安全審査弁法

　中国の対内投資審査制度は、2020年1月に施行された外商投資法とその施行規則である外商投資安全審査弁法から構成される。外商投資法は、「外商投資安全審査制度を構築し、国家安全に影響をもたらす、またはもたらし得る外商投資に対して安全審査を行う」ことを規定する。

　具体的には、下記の申告範囲と対象となる投資の内容を定め、これらに該当する場合、国家発展改革委員会に設置される「業務メカニズム弁公室」への事前申告を義務付ける。

　申告範囲と対象となる投資は以下の通りであり、申告範囲によって審査の対象となる投資が異なる。

　ただし、審査基準は「安全審査」とのみ規定されており、法令上具体的な基準を読み取ることが困難であり、当局が何を安全保障上の脅威と

図表4　中国・外商投資安全審査弁法における申告範囲と対象となる投資

申告範囲	対象となる投資
・軍事産業 ・軍事産業関連等の国防安全に関わる分野 ・軍事施設及び軍事産業施設周辺地域における投資	全ての「外商投資」 （※「外商投資」とは、外国投資家が直接、または間接的に中国国内で実施する以下の投資活動） 1. 外国投資家単独または他の投資家と共同で国内における新規プロジェクトへの投資、または企業設立 2. 外国投資家が合併買収による国内企業の持ち分または資産の取得。 3. 外国投資者がその他の方式による国内投資
・国家安全に関わる重要農産品 ・重要エネルギー・資源 ・重大装備製造 ・重要インフラ ・重要輸送サービス ・重要文化製品・サービス ・重要情報技術及びインターネット製品・サービス ・重要金融サービス ・重要技術 ・その他の重要分野	以下の状況を含む、実質的支配権を取得する投資 1. 外国投資者が企業の50%以上の持分を保有 2. 外国投資者が保有する企業の持分は50%に満たないが、外国投資者の有する議決権が董事会、株主総会または株主総会の決議に重大な影響をもたらす 3. 外国投資者が企業の経営上の決定、人事、財務、技術等に重大な影響を及ぼすその他の状況

見るか、制度上の外縁が定まっていないといえる。そのため、濫用につながる可能性を指摘できる。

(ⅳ)制裁対抗法：反外国制裁法

　中国は、米国の輸出管理改革法/輸出管理規則（ECRA/EAR）による中国企業への輸出規制の対抗策として、2021年6月に反外国制裁法を立法した。同法は次の内容を規定している。

　　○中国には外国の差別的措置に対して相応の報復措置を取る権利がある（第3条）

　　○いかなる個人や組織も外国の差別的措置に協力してはならず、組織と個人がこれに反して中国の個人や組織の合法的権益を侵害する場合、裁判所で訴訟を提起し侵害を停止し損害を賠償するよう要求できる（第12条）

　　○中国が定める報復措置を実行せず又は実行に協力しなかった個人や組織の責任を追及する（第14条）

　現時点で中国は、本法に基づく外国企業への制裁を発動していない。制裁を発動した場合、外国企業による脱中国の動きを惹起・加速する恐れがあること、米国との制裁合戦を誘発すると米国はドル決済の禁止等の金融制裁というより強力な制裁を科すことができ、中国には対抗手段がない点が影響していると考えられる。

③EU

　EU法においては、安全保障に関する政策はEU加盟国の専権事項であり、EUの管轄は基本的に及ばない。しかし、他方でEUは欧州市場統合のための制度枠組という側面も有しており、具体的には関税同盟という側面も持っている。輸出入規制についてはEUという単位で統一的な対応が必要となり、関税や輸出入規制はEU単位で導入されている。ここでは、安全保障貿易管理について、EU加盟国全体の関心事項が反映されている。結果、加盟国独自の安全保障観はさほど反映されておら

ず、米国にあるような大統領への権限の集中や中国のような独自の安全保障観があるわけではない。

　また、安全保障を目的とした対内投資審査制度は各国の専権事項であるためEUがそれを決めるものではなく、あくまでガイドラインとしての位置づけとなっている。

(i)輸出規制：輸出管理規則[10]

　EUでは、従来から二重用途（デュアルユース）を含む輸出管理が行われてきたが、2021年に施行された理事会規則2021/821（2021年9月9日適用開始）により、民生および軍事目的双方に使用可能なすべての物品、ソフトウェアないし技術は、デュアルユース物品とみなされ、輸出規制が適用される。本規則は、従来の関連規則を再編纂したもので、拡大する二重用途物品の輸出管理を強化し、効果的な統制を実現すべく加盟国間の協力体制を向上させるものである。

　規制対象物品は規則の付属書Iのリストに記載され、(a)システム・設備・部品、(b)試験・検査・生産設備、(c)物質、(d)開発・生産・利用向けのソフトウェア、(e)開発・生産・利用に関する技術、について輸出許可の対象となる品目の仕様が規定されている。

(ii)対内投資審査：対内直接投資審査規則

　従来EUでは個別の加盟国ごとに対内投資審査制度を設け、EU単位では規制を課してこなかった。しかし、特に中国企業による先端EU企業の買収が増え、独仏を中心にEUレベルの対応強化を求める声を受け、2019年に対内直接投資審査規則が発効、2020年に適用が開始された。

　同規則は加盟国が運用する対内投資審査について一定のガイドラインを提供するとともに、加盟国の投資審査制度の運用についてEU内の連携を強化する規定を設けている。

　同規則が審査対象とすべき分野・業種として挙げるものは以下の通りであり、独仏等がこれに基づいて投資審査制度を改正している。

○重要インフラ：エネルギー、交通、水道、医療、通信、メディア、データ処理や保管、航空宇宙、防衛、電気及び金融インフラ等

○重要技術：デュアルユースを中心に、人工知能（AI）、ロボティクス、半導体、サイバーセキュリティ、航空・宇宙、防衛、エネルギー貯蔵、量子・核技術、ナノ・バイオテクノロジー等

○個人情報を含む機微な情報へのアクセス等

⑻制裁対抗法：英国・貿易利益保護法

　中国の反制裁法と類似の問題が生じたのが、1982年のシベリアパイプライン事件である。同事件は、米国においてソビエト連邦（当時）への制裁強化がなされ、米国が、米国企業の在外子会社が製造した石油・ガス装置や、米国技術を用いて外国で製造された石油・ガス輸送装置のソ連への輸出・再輸出を禁止したことから生じた。EC（当時）や日本は、上記制裁強化は慣習国際法上の域外適用を行う基礎に欠け、国際法に反するとして反発した。

　こうした中で、中国反制裁法と同様、英国は貿易利益保護法を制定・適用し、英国内で事業を行う者に対し、英国の貿易上の利益に損害を与え、またはそのおそれのある外国法の域外適用（ここでは米国法の域外適用）に従うことを、罰則をもって禁止した。

　この事案については、英国等の他国からの過度な域外適用への抗議や対抗立法に対し、米国は制裁措置を撤廃又は緩和する形で解決を図っている。

⑶現行通商ルール上の評価、留意事項

　そもそも現行GATT第21条が戦争などの非常事態や軍需物資という極めて限定的な範囲での例外措置である為、平時に於いて安全保障を名目に導入・施行されている各主要国・地域の輸出入に関する一方的措置は、WTO法上は例外扱いの対象とはなりにくい。

　政府調達や対内直接投資に関しては、WTOの各種協定の中に枠組み

が存在するものの、安全保障を名目とした一方的措置への対応という観点からは、適切なものとはなっておらず、事実上国際的なルールが存在しないのが実態である。

更に、輸出入などの一方的措置を実効あらしめるための米国などの域外適用措置に関しては、WTOの管轄権やルールはなく、慣習国際法に基づく対応しかない。

①輸入規制

(i)現行通商ルール上の評価

輸入規制で問題となるのは、米国の拡大通商法232条措置である。米国措置は、WTO法上の原則に違反する可能性が高い。すなわち、WTO譲許税率を超えた関税の引上げはGATT第2条1項（関税譲許）への違反となり、適用除外（＝一部加盟国の優遇）を設けることはGATT第1条の規定する最恵国待遇原則に違反する。したがって、GATT上の例外規定に該当するかどうかが問題となる。

しかし米国はGATT第21条をもとに、「本件の鉄鋼及びアルミに対する関税賦課は米国の安全保障に属する事項であるため米国が専権的に判断でき、これはGATTの規律範囲外である」と主張している。しかし、先のⅡ1の通り、ロシア貨物事件、サウジ知財保護停止事件におけるパネル報告書で示された解釈では、同条はフリーハンドの自己判断を許容しているわけではなく、最低限度の説明責任を求めている。この点、米国の上記の主張は、安全保障との関係の薄い汎用品を含む広範な鉄鋼・アルミ製品を対象としているため措置の必要性に疑問を残し、説明義務を果たしているとはいいがたい。

〈232条措置に対する中国、ノルウェーなどによるWTO提訴へのパネル判断（2022.12.9）〉

232条に関するWTOのパネル判断が2022年12月に公表された。パネルは米国措置のGATT第1条、および2条の違反を認定したうえで、こ

れがGATT第21条で正当化されるか否かを検討した。

検討において、パネルは上記の米国の主張する自己判断との解釈を否定し、ロシア貨物事件、サウジ知財保護停止事件における解釈を取ったうえで、米国措置のGATT第21条(b)(iii)にいう「国際関係の緊急時」該当性を否定し、米国措置を違法と認定した。ここでは、米国説明義務が充足されたか否かの前段階である「国際関係の緊急時」との要件が否定されたため、それ以上の検討はなされなかった。

(ii)留意事項

本来は輸入の急増による国内産業への打撃は、セーフガード措置による対処を検討すべきであり、米国232条措置の発動による安全保障例外を援用しての関税引き上げは不適切と考えられる。

本件は、現行の補助金ルールが適切に機能していない結果、中国の補助金による過剰生産能力の発生と、その結果として中国産品の安値輸出が米国産業に脅威を与える結果となっている。このため、本件措置は純粋な安全保障上の問題に基づく措置というよりも、現行の補助金ルールが適切に機能できていないことに問題があるのではないか、とする見方が多い。

②輸出規制

(i)現行通商ルール上の評価

輸出規制は物品の輸出を制限するため、GATT上の数量制限の一般的禁止義務に違反する可能性が高い。また、例えば米国の再輸出規制や中国輸出管理法におけるエンティティリストのように、特定の懸念国を指定して他国と比べて厳しい貿易制限を行う場合には最恵国待遇義務に違反する可能性が高い。

上記の違反を安全保障例外規定で正当化できるかは、措置の具体的な内容に依存し、当該国の安全保障上の利益と措置の関係性に関する説明義務が果たされていることがまず問題となる。

　米国措置について、Huaweiの製造する民生品のうち携帯電話端末や基地局設備等は軍事利用されることが想定しづらいが、これらを対象とした取引を含めて一律にHuaweiへの半導体等の輸出禁止が、米国の安全保障とどの程度の関連性を有するのか、説明は困難とも考えられる。

　特に問題となるのが、加盟国が独自に設定する広範な安全保障概念を基に、軍事利用と結びつけずになされる輸出規制である。この点は安全保障を法令上定義していない米国232条措置（これは輸入規制）にも通底するが、中国の輸出規制も問題となる。WTO協定上は何を自国の安全保障上の重大な利益と考えるかについて加盟国に大きな裁量があり、中国流の従来より広範な安全保障概念（「総体国家安全観」）それ自体を否定することは難しい。しかし、GATT第21条(b)号(ii)に規定されるのはあくまで最終的には軍事利用されることが前提となる製品である。したがって同号を援用するに際し、中国はレアアースがどの程度国内で不足しているのか、その結果レアアースの軍事利用にどの程度の支障を生じ、それが安全保障にどのように影響するかといった点について説明義務を果たす必要がある。この点を適切に説明できない措置であれば、やはり安全保障例外の濫用と判断される可能性がある。

　以上のように、米国措置については軍事利用される物資への制限を前提とするGATT例外規定と半導体全般という広範な対象品との関係性、中国措置については、同様に例外規定の文言と広範な物品を安全保障と結びつける中国流の安全保障概念（「総体国家安全観」）との関係性に疑義があり、安全保障例外規定を用いては措置の正当性は認められない可能性が指摘できる。

(ii)留意事項
〈例外規定の許容範囲と実態との乖離の拡大〉

　前述したとおり、現行GATT第21条上、安全保障例外は戦時又は軍需品に限って認めるものとされており、デュアルユース品をも対象とす

るワッセナーアレンジメントに基づく安全保障貿易管理制度は、カテゴリカルに違法とされるものではない。しかし、上記類型Cで取りあげた米国や中国等の措置は、戦時の措置でもなく、必ずしも軍需品ばかりではない。従って、例外措置枠組と、国家の安全保障を確保する目的として導入される措置の実態との間には、無視できないレベルの乖離が生じている。

〈域外適用〉

　域外適用とは、外国で起きた行為に対して自国の法令を適用することをさす。国際法上、領域国には属地主義に基づく管轄権が認められるため、外国での行為が域外適用を受ける場合、域外適用発動国と被発動国という二カ国の法令が適用されることとなる。

　上記類型Cの輸出規制（輸出管理法令）や反制裁法においては、米国や中国は第三国経由での輸出、いわゆる再輸出を自国法令で規制対象としている。つまり第三国で行われる再輸出行為に対して、第三国の法令と共に、物品の輸出元国（ここでは米国や中国）の法令をも適用することとなり、その結果、板挟みとなった企業は、時に矛盾する複数の国家の規制に対応することを強いられ、事業の支障やコスト増を余儀なくされ、また両国間での紛争を生じさせる可能性がある。

　域外適用に関する紛争はWTOの管轄権が及ばず、WTO協定には域外適用に関するルールがないため、紛争解決にWTOの紛争解決手続が利用できない。このため域外適用に関する国際紛争の解決手段は、当事国間の合意があって初めて利用可能になる国際司法裁判所等の司法機関による紛争解決か、当事国間の交渉に限定される。

　このうち司法機関に於いては慣習国際法に基づき、国際法上の域外適用の根拠を認め得るか否かで合法性が判断される。ここで根拠とは、属地主義、属人主義（加害者や被害者が当該国民である場合）、保護主義（通貨の偽造など当該国の国益に重大な影響を与える場合）、普遍主義

（人類の敵と呼ばれる海賊の処罰等、伝統的にどの国でも管轄権を認めるもの）、効果理論（行為が外国で行われていてもその影響、効果が自国又は自国民に及ぶ場合）を指す。

　他方、当事国間の交渉が、非友好国同士の間では行われることはまれであり、結果として、域外適用に関する国際紛争を解決する有効な手段は極めて乏しい状況にある。

　（域外適用に関する対応の方向性については、Ⅲ2⑶平時の安全保障措置への対応で詳述する）。

③政府調達

(i)政府調達に係る現行通商ルールの枠組み

〈WTOの政府調達協定（GPA）〉

　政府調達については、WTO協定のうち政府調達協定（GPA）が規律する。しかし、GPAは一括受託を基本とするWTO諸協定の例外となるものであり、任意に加盟する協定である（複数国間協定と呼ばれる）。また、中国は現時点ではGPA加盟国ではなく、最恵国待遇義務の対象外となる。

　GPA第3条1項が安全保障例外を規定し、同項では「この協定のいかなる規定も、締約国が自国の安全保障上の重大な利益の保護のために必要と認める措置又は情報であって、武器、弾薬若しくは軍需品の調達又は国家の安全保障のため若しくは国家の防衛上の目的のために不可欠の調達に関連するものにつき、その措置をとること又はその情報を公表しないことを妨げるものと解してはならない」としている。GATT第21条(b)号(ii)にある軍事施設との関連への言及がなく、ここでは「国家の安全保障のため不可欠な調達」とされているため、安全保障例外が適用されうる対象が広がったと言える。

〈WTO加盟議定書〉

　中国はWTO加盟交渉において、WTO諸協定に加え追加的な約束を

定めたWTO加盟議定書に署名しており、その加盟議定書の中で政府調達手続の透明性確保を約束している。

(ii)現行通商ルール上の解釈／評価

　米国による政府調達からの排除措置については、中国はGPA加盟国でないため、対象が中国に限られる限りGPA違反とならない。しかし、中国がGPAに加盟した場合には最恵国待遇義務の違反となり得る。もっとも、この最恵国待遇義務違反は、GPA第3条1項の安全保障例外による正当化がなされ得る可能性がある。同項はGATT第21条より対象が広く、米国措置がこれに該当するとみなされる可能性がある。

　次に中国については、現時点ではGPAの非加盟国であるため（加盟申請中）、その規律は及ばない。しかし、中国は加盟議定書の中で政府調達手続の透明性確保を約束しており、仮に安可等の制度が外国企業に公表されないまま実際に適用され、外資系企業が政府調達から排除されているとすれば、これに違反する可能性が高い。ただし、外資系企業がこれをどのように立証するか、情報開示が徹底されない限り、その証拠の収集は困難である。

(iii)留意事項

　GPAの安全保障例外の範囲がGATT第21条よりも広いがゆえに多様な制度設計が可能となっている。米国や中国等の輸出管理・政府調達では、各国が独自に基準を設定して規制を課している。結果として各国の調達基準がパッチワーク化し、対応する民間企業、ひいては国際経済社会にとって大きな負担となる可能性がある。

　例えば米国は独自に政府調達に参加する企業に対し、納入製品のサプライチェーンを遡って懸念国の製品が含まれないことを確認させる義務等を課している（これは、自国の技術がどの程度当該輸出製品に含まれているか、みなし輸出や再輸出の要件に関しサプライチェーンを遡って確認又は政府調達においては政府機関への納入品に、懸念国の製品がど

の程度用いられているかを確認する内容を含む）。

　このため、規制の水準の統一化を図っていくことが考えられる。みなし輸出や再輸出の国際基準を設定し、基準が満たされれば国内基準に合致するとみなす、また国際基準より基準が厳しい国については、国際基準を満たす製品は不足分の情報だけを追加提出すれば国内基準にも合致するとみなす、といった国際ルールの整備を検討すべきである。

④対内直接投資審査

(ⅰ)対内投資審査に係る現行通商ルールの枠組み

　政府調達と同様、対内投資審査についても、安全保障関連の審査基準を規律する国際ルールは存在していない。結果、各国が独自に個別国の問題意識を反映して制度設計を行っているため、現状の投資審査制度は各国の安全保障上の問題意識を反映して、米国、中国、EUでは対象となる投資や審査のプロセス、審査基準が異なり、パッチワーク化している。

　また、審査基準などの内容面についても、中国は審査基準が安全保障との記載があるのみで詳細は公表されておらず、米国では基準はあるものの審査結果については情報公開の対象外とされるなど、制度の透明性に欠け、濫用が行われる素地があるといえる。

〈参考〉現時点での投資に関連する協定等

　○WTO貿易に関連する投資措置に関する協定（TRIMs協定）

　　TRIMs協定では、ローカルコンテント要求の禁止などが規定されるものの、対内投資審査の在り方それ自体に関する規律を含んではいない。ただし、TRIMs協定は、物品の貿易に関連する限りにおいて参入規制の段階（対内投資審査が行われる段階）の投資措置にも適用され、また、同協定第3条においてGATTのすべての例外規定を準用すると規定しているため、前記Ⅰ1で論じたWTOにおける例外規定が適用されることとなる。

　○二国間投資協定等の国際投資協定やFTA/EPA

これらのうちの一部は、例えば最恵国待遇等の協定上の義務について、それらを外国投資家が対内直接投資を行う段階においても投資受入国が遵守すべきものと定めている（そのような協定は、一般に「自由化型」と呼称される）。しかし、多くの協定には、安全保障例外が規定されているため、各協定に定められた例外事由に当たる事実関係が存在する場合には、投資受入国による対内投資審査における措置が正当化される可能性がある。また、国際慣習法上の規律も投資の自由化に関しては定めがないとされている。

(ii)留意事項

　こうしたパッチワーク化への対応としては、対内投資審査の審査基準・審査対象の明確化・共通化を促す国際ルールの検討が挙げられる。

　例えば、審査基準では、対象とする技術は輸出管理と共通する部分も多く、輸出規制の収斂と併せて、各国が真にケアすべき技術を特定してそれを可能な限り共通化していくことが重要と考えられる。併せて、複雑な買収案件では審査が複数の法域にまたがるため、競争法分野と同様、当局間の情報交換に係る仕組みの構築も検討すべきである。これは域外適用でも採り上げる国際競争ネットワーク（ICN）や二国間協定の事例が参考となる。

　他方で、このような投資分野での多角的ルール形成を行うフォーラムは限られ、また、当初から多数の国による交渉を実施することは難しい。ひとつの選択肢として、安全保障に関する問題意識を共有する先進国間でのルール形成を図ることが、輸出管理との整合性を取る上でも、またワッセナーアレンジメント等との重複が大きく、交渉を進めやすいと考えられる。先進国が主な構成国であり、資本規制分野の多国間ルールとしてOECD資本移動自由化規約が存在すること、かつて多国間投資協定（MAI）交渉が行われていたこと、およびすでに各国の投資制度についてピアレビューが実施されていることから、事務局の専門性にも期

待できる OECD でのルール整備を検討することが有益と考えられる。

⑤制裁対抗法

(i)現行通商ルール上の解釈／評価

　制裁対抗法については、域外適用の問題とは別に、措置の目的や内容次第では WTO 協定に抵触が生じる可能性がある。すなわち、中国反外国制裁法に基づき中国政府がとる対抗措置は、対抗措置の元となる外国の措置（例：米国の輸出規制）の WTO 協定違反を問題とする限りにおいて、WTO の紛争解決了解第 23 条が定める紛争解決手続によらない一方的措置の禁止に違反する可能性がある。

　さらに、導入される対抗措置の内容次第では、GATT 等に違反する場合も生じうる。例えば、対抗措置として物品の輸入禁止又は制限を導入する場合、正当化事由に該当しない限り、数量制限の一般的禁止（GATT 第 11 条 1 項）に違反する可能性が高いといえる。

　ただし、実際の中国の対抗措置は、米国の中国要人の入国禁止等を問題視し（これは WTO ルールに直接抵触するものではない）、要人などに対象を限定した入国禁止や資産凍結等が主体であり、上記のいずれにも該当しないものとなっている。

(ii)制裁対抗法の本質と留意事項

　中国や英国の事例を見た通り、制裁対抗法は過度な域外適用に対する領域国による対抗措置である。すなわち、外国（主に米国）の輸出規制等が、再輸出等の外国での行為をも対象とする場合、それに対抗するために米国以外の国により制裁対抗法が立法されてきたといえ、この構造は冷戦期の英国・貿易利益保護法、近時の中国反外国制裁法に共通である。制裁対抗法が生じる問題は、域外適用を受ける企業が、域外適用を行う国（主に米国）と制裁対抗法の制定国（中国、英国）という 2 つの法域から相反する義務を課されることである。

　このように制裁対抗法の問題の本質は域外適用であるから、現行ルー

ルに関する分析も②輸出規制で扱った域外適用と同じ問題点に帰結する。

　紛争解決について、米国措置とその対抗立法が問題となったシベリアパイプライン事件等の事例では、結局対抗立法の導入国と米国との間の交渉が解決に有効であり、米国が措置の緩和や取り下げを行って国際紛争が解決されてきた。しかし、同事件は米国と欧州等西側諸国という友好国との間の紛争であったのに対し、今回は米中というライバル国家間の紛争であり、中国の対抗立法についてもシベリアパイプライン事件のような対話による解決が可能かは、非常に不透明である。

Ⅲ　安全保障関連措置を巡る課題と対応の方向性

1　問題の所在

　とされる法制度や運用実態にあるが、安全保障に係る類型Ａ、Ｂ、Ｃ全てに共通の課題もある。今後の対応の方向性を検討するに当たり、ここで貿易投資等に関する米国、中国、EU各国・地域の安全保障関連措置が国際通商ルール上、何故問題となるのか、その主な要素を以下の通り整理した。

⑴　そもそも、国家の安全保障に属する事項は当該国家が専権的に判断するべきであるとの主張を米国などは行っており、類型Ｃに限らず、この分野へのWTOの介入について加盟国の納得感が得られているとは言えないこと。

⑵　現行の通商ルールに於ける規定のカバレッジや規律自体の緩さ、曖昧性、更には機動性の欠如などにより、一方的措置や例外規定の濫用を招きかねない制度的要素が存在すること。

　　（例えば、対内投資審査など国際ルールが事実上存在しない分野、他方で国際ルールは存在しても補助金協定など規律が不十分とされる分野、信義則に基づく審査規律など予測可能性が十分ではない分

野、安全保障貿易管理制度など運用面で機動性に欠けると指摘される分野など)。

(3)　そして根本的な問題として、1947年に制定され、軍事的要素を念頭に置く現行の安全保障例外規定の対象範囲が極めて限定的であ〔……〕みが経済分野まで拡大する現〔……〕こと。

[正誤表 P.56]

Ⅲ　安全保障関連措置を巡る課題と対応の方向性

1　問題の所在

〔……〕とされる法制度や運用実態にあるが、安全保障に係る類型A、B、C全てに共通の課題もある。……

→

Ⅲ　安全保障関連措置を巡る課題と対応の方向性

1　問題の所在

上記で見たとおり、問題の所在は主として類型Cの一方的措置の濫用〔……〕とされる法制度や運用実態にあるが、安全保障に係る類型A、B、C全てに共通の課題もある。……

〔……〕国家安全保障に絡む紛争解決〔……〕的な問題解決となり得ない可〔……〕存立基盤であり、安全保障と〔……〕置国が自国の国家安全保障に〔……〕WTO紛争解決手続で違法と〔……〕必要と判断する可能性が相対〔……〕は期待できないためである。

〔……の利用拡大〉

〔……〕ォースするだけが機能ではない。

WTOのプラクティカルな側面である調整機能として、調停などの手段が用意をされているものの、ほとんど使われてきていない。現行WTO協定のDSU第5条においては、当事国間の合意に基づく斡旋、調停及び仲介が規定されている。これは司法判断に比べると交渉に近いものである一方、単なる二国間交渉に比べると、交渉にファシリテーターとしてWTO事務局の関与が期待できる。すなわち、DSU第5条6項に基づ

き、WTO事務局長は、加盟国が紛争を解決することを援助するため、職務上当然の資格で、斡旋、調停又は仲介を行うことができると定められているため、事務局長のイニシアティブによる解決が期待される。

また、斡旋、調停及び仲介に係る手続の過程（特にこれらの手続の過程において紛争当事国がとる立場）は秘密とされ（同条第2項）、安全保障という機微な内容を扱いやすいものとなっている。

〈WTO事務局の交渉支援能力〉

その際、WTO事務局長のイニシアティブによる解決を図るうえで、交渉を支援する事務局の能力が重要である。しかし、WTO事務局はスタッフが法律家に偏っているため、交渉支援能力が不足する可能性がある。

そこで、交渉の調整能力に長けた外交官出身者の増員や他の国際機関との連携（プラクティスの共有）を検討する。後者の方向性については、例えば、世界銀行の付属機関である国際投資紛争解決センター（ICSID）の定める仲裁規則等に基づいて行われる投資家対国家仲裁（ISDS）の事例が参考になり、ICSIDの事務局と連携を図っていくことが考えられる。ただし、ISDSは国家間でなく私人と国家の紛争処理であり、その限界を踏まえる必要がある。また、民間取引でも商事仲裁や調停は数多く実施されており、この関係団体（商事仲裁協会等）や仲裁人の知見活用も考えられる。

⑵例外規定の濫用抑止

①課題

安全保障例外を名目とした一方的措置発動の背景のひとつとして、上記Ⅲ1問題の所在⑵でみたとおり、現行通商ルールの規律の緩さ、曖昧性、更には機動性の欠如などが、一方的措置や例外規定の濫用を招いている懸念がある。

例えば、緊急事態など安全保障上の懸念が乏しいにも関わらず、安全保障関連以外のルールや制度面での不備があり、敢えて裁量権の大きい

安全保障例外を援用していると見られる事例である。典型例としては、Ⅱ3⑵の輸入規制で見たとおり、米国の輸入規制（232条措置）では、米国の真の懸念は中国の鉄鋼やアルミニウム等に関する過剰生産問題とそれによる国内産業の経済的打撃であり、中国の過剰生産を適切に規制できない補助金協定等の現行通商ルールの不備が背景となっているとされる。

　この理解が正しいとすれば、仮に米国の懸念を踏まえた補助金ルールが適切に整備されれば、敢えて米国は輸入規制を導入する必要はなくなり、結果として紛争は回避できた可能性がある。

②対応の方向性

ⅰ各国の真の懸念事項への適切な対処

　上記のとおり、米国232条措置はWTO補助金ルールが適切に機能せず、中国の補助金による過剰生産能力が発生して大量の中国産品の安値輸出が行われ、米国は輸入急増による国内産業への打撃を懸念して行ったものとされる。従って、補助金ルールの強化、又は補助金による安値輸出に対しての相殺関税や反ダンピング措置の円滑な発動により、米国の真の懸念事項に対応が図られることにより、安易な安全保障例外の援用は回避されるものと考えられる。

〈補助金協定等の強化〉

　このため、補助金規律の強化が求められるが、米国の懸念事項へ対応するうえで、同様の問題として挙がるのが国有企業による市場歪曲的活動である。これは、政府からの指示によって国有企業が非商業的な行為、たとえば国有銀行による商業的な考慮に基づかない、政策的配慮による特定産業への低利融資や、非商業的考慮に基づく取引といった慣行があり、これが市場歪曲的効果を生んでいると見られている。

　しかし、現行のWTO補助金協定では国有銀行の低利融資を補助金とみなせる場合は限定されているため、これを十分に規律できず、また国有企業に特化した規律もWTOには存在せず、わずかにGATTが国家

貿易企業に関するルールを設けている（第17条参照）程度である。このため、補助金や国有企業規律を強化することが重要となっている。

〈貿易救済措置活用の奨励〉

　WTOのルールでは、輸入急増に対する国内産業対策としてはアンチダンピング措置（AD）、補助金相殺関税措置（CVD）など貿易救済措置が用意されており、本来は輸入の急増による国内産業への打撃などは貿易救済措置で対応されるべき問題である。

　ただ、AD、CVDなどは別途厳格な適用要件が定式化されており、発動国にとっては手続き的な煩雑さや、そもそも適用要件に該当しない可能性も懸念されるために、国家に大きな裁量権を認める安全保障例外に走ってしまっている面がある。

　このため、貿易救済措置が活用される場面や要件を更に明確化し、各国が現行WTOルールの運用によって国内産業への損害といった問題に対処するよう働きかけていくことが考えられる。併せてWTOの貿易政策検討制度（TPRM）を一層活用し、各国の真の懸念事項など重要な問題を広く取り上げ、政策的に必要な対応措置の検討を行っていくことも有益である。

(ii)例外条項発動の運用管理の強化・整備

〈援用手続上の制度的コントロールの導入〉

　安全保障例外は当事国判断規定であり濫用を招きやすい。このため、安全保障を名目とした措置の導入・発動に際し、例外規定の援用に何等かの手続上の制約を導入し、一方的措置の安易な発動の抑止、紛争発生の事前防止を図る。

　この例として事前通報制度が挙げられ、措置の導入・発動の前に、関連するWTOの諸委員会（輸出入規制であれば物品理事会等）への通報（措置の概要、期間、理由など）を義務付け、他の加盟国がその妥当性をより適切に判断できるようにする。このことにより、措置の導入・発

動国は他国を説得させる理由付けが必要となり、謙抑的な対応が促されることが期待される。

〈信義則要件の一層の明確化〉

またⅡ1で述べた通り、DSUの審査時に於ける信義則に基づく説明義務については、審査が信義則に基づく説明義務の占める部分が大きく、事案毎に柔軟な対応が可能となる一方、抽象度が高く、また厳格な要件も規律されていない為、関係加盟国にとって予測可能性に乏しく、どのような措置が許容されるか、加盟国による判断が難しいという問題がある。

このため例外条項の安易な発動を防止する観点からも、先例を元に、信義則の指す内容を明確化し、安全保障例外の解釈を明確化することで、審査内容の予測可能性を高めていくことが重要となっている。ただし、Ⅲ2(1)で指摘した通り、仮に信義則の内容を明確化しても違反時の履行が期待できないなど、安全保障を巡る紛争はそもそも司法的解決に適さない可能性にも留意する必要がある。

⑶平時の安全保障措置への対応

①GATTの例外規定

(i)課題

既に繰り返し述べてきた通り、現行のGATT第21条及び第20条の例外規定は許容範囲が狭く、戦時下または軍需物資のみを対象とする現行の枠組みは1947年の制定以来何らの改正も行われず、その解釈も極めて厳格に対象を絞り込む姿勢が貫かれて来た。従って、近時に導入されている平時の経済安全保障関連措置などの例外規定該当性は乏しく、最大限に解釈を柔軟化したとしても事態を乗り切ることは困難となっている。

他方で、安全保障例外規定の国家裁量権を自己判断規定に近いものと解釈を拡大し、本来安全保障とは直接的には関連の薄い問題について、例外規定を濫用に近い形で援用する事案が増加している。これが仮にWTOの紛争処理システムにあがったとしても、国家裁量権を盾とした

司法解決の限界問題に直面することとなる。

　そうした中で、安全保障貿易管理制度については言を俟たず、二国間FTAや地域のEPAに於いても、経済安全保障を含む、こうした新たな国家安全保障概念を念頭に置いたルール作りが進んでいる。

　総じてWTOは、安全保障分野に係る現下の国際経済社会の実態やニーズから立ち遅れ、適切な対応が期待されにくい状態にあり、将来的に加盟国がWTOの枠組みから離れていくリスクに遠からず直面する事態となることが危惧される。

(ii)対応の方向性

〈FTA/EPAの取り込み〉

　WTOルールにおいてルールが不十分とされた点のうち、FTA/EPAにおいてルールとして発展を遂げている部分がある。上述した補助金や国有企業規律強化の具体化の動きとして、欧米の先進的なFTAで規律が進んでいる。

　例えばCPTPPやEU・ベトナムFTAでは補助金規律の強化が規定され、またWTOの対象とされなかったサービス補助金等の規律も導入されつつある。国有企業規律についても、CPTPPでは国有企業章が設けられ、非商業的な考慮による慣行が規律されている。

　これをWTOに取り込み、多角的貿易体制を強化していく、あるいはそれが難しいとしても複数国間のFTA/EPAとしてその規律を広げていくことがひとつのアプローチである。特にCPTPPについては国有企業を多く有するベトナムが締約国であるため、まずはCPTPPのルールを多角化していくことも有効な手段ではないかと考えられる。

〈現行例外規定の緩和〉

　一般的に、激動する国際情勢や先端技術の進歩などを踏まえ、GATTのルールを基礎にして通商ルールを現代のニーズや実態にマッチしたものに発展させていくことは、ルールに基づく国際経済秩序を維持する上

でも極めて重要である。

　こうした観点から、現行の例外規定での対応には限界があることを踏まえ、経済安全保障を含めた現下の国家安全保障関連措置を取り込めるようGATT第21条及び第20条の例外範囲の拡大を検討することが重要となる。

　その場合、国家安全保障の範囲についての定義を押えておくことが重要となる。今日においては、経済危機や原発事故による電力危機、パンデミックと医療物資の供給不足のような国家的緊急事態も国家の重大な安全保障に係る事態として扱うことが求められており、そのためには先ずは包括的な概念整理が必要であろう。

　また、WTOにおける安全保障例外の規定を改正し、平時の安全保障貿易管理に関するルールを整備することも考えられる。具体的には、ワッセナーアレンジメントやオーストラリアグループなど現行の輸出管理の国際レジームに基づく措置を安全保障例外として明確に位置づけ、法的安定性を高めることが考えられる。

　その際、一部規律の緩和が例外規定を名目とした措置の安易な濫用を招かないよう、GATT第20条の柱書のような規定を付加することを検討すべきである。いずれにしても、例外規定の緩和と併せⅢ2(2)で述べたような抑止策をはじめ、厳格な運用管理が求められることは言う迄もない。

②域外適用

(ⅰ)課題

　Ⅱ3で見た通り、国家の安全保障確保を目的に米国や中国などで輸出規制等が導入され、その実効性を確保するため再輸出規制が盛り込まれ、紛争事案が頻発しているが、国際司法裁判所を活用した司法手続きや当事国同士の交渉の枠組には限界があり、現状、域外適用に関する国際紛争を解決する有効な手段は極めて乏しい状況にある。こうした事態は安

全保障分野に止まらず、グローバルな規制措置が念頭に置かれる環境分野や人権保護の分野でも同様の問題が発生している。

(ii)対応の方向性

　域外適用の解決策としての当事国同士の交渉のパフォーマンスについては、紛争が生じる諸国間の関係性に大きく依存すると考えられる。すなわち、安全保障上の利害を共有する諸国（いわゆる西側諸国等）間の紛争と、安全保障上の利害が対立する諸国の間では、大きく事情が異なっている。

　前者の場合、基本的な安全保障上の利害が共有されている一方、域外適用が生じる原因は各国の国内法が異なっている点にあるため、各国の国内法を統一化する方向性が考えられる。利害が一致する諸国については、調整を経ればこのような可能性を追求していくことは可能であるといえる。他方、米中の制裁立法とその対抗立法に関する紛争のように、利害が対立する諸国間の域外適用問題については、解決策を提示することが困難である。

　そうした中で、主に利害が一致している諸国間を念頭に域外適用問題への対応策を以下の通り検討した。

〈実体法の収斂〉

　国内法の統一化の成功事例として、競争法分野がある。競争法においては、実体ルールの国際的収斂、つまり各国の競争に関する国内法の統一が進み、現在約130カ国に類似の競争法制が展開している。この進展に伴って、域外適用問題は今日、実務上は国際紛争を生じさせることがなくなり、現在ではむしろ各国相互間の事前通告、情報交換、執行協力等の手続面でのさらなる収斂の議論が中心となっている。

　そこで、域外適用の導入国同士の間で輸出管理等に関する実体法の収斂を進めることが考えられる。実体法の収斂に向けたルールの構成要素としては、例えば輸出規制の対象技術（特にAI等のエマージング技術）

や要注意取引先であるエンティティリストの共通化、輸出管理体制に信頼がある国（いわゆるホワイト国）のリストの共有化、みなし輸出の要件の統一化、等が考えられる。

　なお、域外適用に関する慣習国際法ルールを明らかにする方向もあるが、同じく域外適用問題を抱えていた競争法分野の経験に照らすと、奏功するか疑問がある。米国による域外適用が国際紛争を引き起こしていた競争法分野では、域外適用に関する国際法ルールを確立すべく、1964年から国際法協会（ILA）等を中心に多くの研究が行われた[11]。しかし、域外適用に関する確たる国際法上の管轄ルールを確立するに至らず、その後のILA報告書においては域外適用の場合の手続的要件（事前通知等）を勧告するに止まっている。

〈協力・紛争解決手段の整備〉

　域外適用問題は強制管轄権をもつWTO紛争解決の範囲外であり、独自に紛争解決手段を検討する必要がある。この点、(i)課題と同様、安全保障という国家の死活的利益（譲れない一線）を守る観点から、交渉に近い紛争解決手段を提供することが重要と考えられる。事務局として、例えば物品貿易に関連する法令の域外適用であれば、WTO事務局等がその交渉を支援することも考えられる。

　ルール整備の論点として、国家間の交渉に基づく紛争解決制度（あっせん・仲介など）が考えられる。この際、域外適用問題を解決してきた競争法分野の類似の取組み、特に国際競争ネットワーク（ICN）、OECD競争委員会の勧告やガイドライン、二国間協定に基づく域外適用に関する事前通告、協力、資料交換等を参考とすることが有益と考えられる。

　例えばOECD競争委員会の「競争法の審査及び手続に関する国際協力に係る理事会勧告」については[12]、加盟国が他国の競争法の適用を妨げる行為を慎むべきこと、他国の行為が自国の利害に影響を与えると思料

する加盟国は当該国に見解を伝達、又は協議を行うべきことを定めている。そして、OECD競争委員会が、定期的に又は加盟国の要請に応じて会合を設定すること、本勧告の履行状況を監督することを定めており、加盟国間の協議や本勧告の履行が適切になされるよう、一定の事務局機能を果たしているといえる。

【注】
1　下線加筆。/GATS第14条の2/TRIPS協定第73条もほぼ同様の文言を規定。
2　CISTEC事務局「安全保障輸出管理とGATT21条（WTOの安全保障例外条項）について」（2019年10月8日）
3　詳細については、安全保障貿易情報センター（CISTEC）のウェブサイト等を参照；https://www.cistec.or.jp/export/yukan_kiso/index.html
4　経済産業省「安全保障貿易管理の制度について」（2022年4月）を基に作成
5　https://www.meti.go.jp/policy/anpo/gaiyou.html
6　https://www.cistec.or.jp/service/uschina/52-20221011.pdf
7　厳密には輸出ライセンス制であるが、米当局はHuawei等への輸出ライセンスを一律に発給しない方針をとっているため実質的に禁輸となっている。
8　FIRRMAについて、大川信太郎『外為法に基づく投資管理』（中央経済社、2022年）、杉之原真子「対米直接投資規制の決定過程からみるエコノミック・ステイトクラフト」国際政治（2022年）45頁、CFIUSの審査対象については、渡井理佳子『経済安全保障と対内直接投資―アメリカにおける規制の変遷と日本の動向』（信山社、2023年）115頁を基に作成。
9　下線加筆。
10　JETRO「EU 輸出品目規制」（https://www.jetro.go.jp/ext_images/jfile/country/eu/trade_02/pdfs/eu_p11_2F010.pdf）
11　例えばILA: Report of the 51st Conference (Tokyo 1964), pp. 304-592
12　https://www.jftc.go.jp/kokusai/kaigai/oecd_images/06_international-co-operation.pdf

第2章

環境分野

I　検討の視点

1　問題認識

　「環境の保護」は“市場の失敗”の代表的分野とされ、市場機能に委ねるだけでは解決が困難な問題である。従って、市場機能や自由貿易の追求と環境保護の両立を図っていくためには、何らかの調整が必要とされる側面がある。

　1947年に制定されたGATTでは、両者間の調整に関する明示的な規定を設けず、代わりに第20条で規定した“人、動物又は植物の生命又は健康の保護の為に必要な措置”、又は“有限天然資源の保存に関する措置”に限って、例外的に自由貿易の制限を認める枠組みを導入した。

　その後、公害問題など経済成長に伴う環境問題の重要性が国際的に更に高まり、1994年にGATTに代わり設立されたWTOのマラケシュ協定前文には、「環境の保護」や「持続可能な開発」の考慮が言及され、多角的自由貿易体制と環境政策を両立させるべきであるとの認識が示された。

　しかし、“有限天然資源には清浄な大気も含まれる”など、限定的な範囲での解釈拡大が図られて来たものの、今日に至るまで、第20条の柱書の解釈等例外規定の条件や限界が必ずしも明確とはなっておらず、まして、WTOの諸協定に環境関連の条文が具現化されるには至っていない。従って、環境保護の拠って立つ理念とWTO上の自由貿易主義や無差別原則をどのように調和させ、GATT関連規定の解釈に取り込むのか、また（解釈に限界があるならば）規定に反映させるのか、といった「貿易と環境」を巡る議論は依然として課題として残された状態にある。

　WTOでの環境を巡る議論が停滞する中、近時、WTO設立時には想定していなかった気候変動問題が大きくクローズアップされ、国際通商ルールに影響を与え得る様々な措置に大きな展開が見られている。

　もとより環境問題は国境を越えて被害が拡大するリスクを有し、一国だけでの対応には限界があり、複数国間または世界レベルでの共同対応が必要とされる性格を有している。気候変動への対応についても、MEA（多国間環境協定）として、1992年の国連の気候変動枠組条約（UNFCCC）を契機に1997年の京都議定書を経て、2016年に「パリ協定」が多国間協力の枠組みとして採択されている。そうした流れを受け、現在2050年のカーボンニュートラル実現に向け、WTOより踏み込んだ枠組みの下、国、地域など様々なレベルで取り組みが進められている。

（CBDR）

　気候変動問題への主な対策としては、自然林や海洋の保護などに加え、経済活動に伴う化石燃料消費の削減を通じた温室効果ガス（GHG）の排出抑制があり、一国の経済活動や経済発展の制約要因として"経済と環境のトレードオフ"の側面を有している。従って、国際的に気候変動対策を実効あるものとするためには、特に途上国に於ける経済的負担能力や化石燃料への依存度など、各国の経済発展等の状況を踏まえることが極めて重要な要素となっている。

　こうした観点から、国際交渉の場ではUNFCCCで定められた"先進国が途上国に比してより重い責任を負う"という「共通だが差異ある責任」（CBDR）が確立した原則として共有されるに至っており、既に一部のFTAでは当該国のパリ協定上のコミットメントを確認し、FTAがこれらMEAの実施を妨げない旨が規定されている（日EUEPA第16.4条第3項、5項ほか）。更に、EUが締結又は締結交渉中のFTAでは、CBDRを含むパリ協定第2条に沿って気候変動対策に関する通商措置が実施されることを定めている（EUメルコスールFTA「貿易と持続可能な発展章」第6条）。

　ただ、CBDRはWTOの掲げる無差別原則とは異なる原則であり、これが環境分野の国際通商ルールとして拡大していけば、WTOの枠組み

は事実上空洞化する恐れがある。

　他方、そもそもGATT規定上（例外措置）、CBDRの枠組みが果たしてWTOとは相容れないものなのか、確立した解釈もないのが現状である。

（CBAM）

　更に、対策に伴う経済的負担の問題は、先進国における新たな規制措置導入の背景ともなっている。経済のグローバル化の進展に伴い、国家間の産業競争力を巡る争いが激化する中で、自国のみが環境対策の強化を行えば、対策を怠っている他国からの輸入品との間で、環境負担コストの差により自国産品が不利な競争環境に置かれることになる。EUはこうした懸念を踏まえ、輸入品に対して国内品と同等の炭素コストの負担を水際で求め、競争条件の同一化を図ろうとする炭素国境調整措置（CBAM）の導入を進めており、他国にもこれに倣った動きがある。

　しかし、これは「環境対策の裏返しとしての自国産業の競争力維持戦略」であり、「EUが独自に設定した枠組みの下で適用対象国や産品及び負担水準を決定し、地球環境の保護を名目に他国への負担を強いる一方的措置ではないか」として、通商紛争に繋がるリスクが懸念されている。

　そうした際、先ず重要となるのがCBAMとWTO協定との整合性である。現状、CBAMの運用細則等が明らかとなってはいない中、GATT第20条の例外規定の該当性や内外無差別の下で認められる第2条2項(a)号「国境税調整」の仕組みの該当性など、様々な論点や課題が指摘されているものの、その整合性の有無は不透明な状態となっている。

　こうした事態が放置されれば、環境保護を名目とした保護主義的措置の濫用を招きかねず、高まる紛争リスクを抑止することは困難となる。従って、WTO協定上、何が許されて何が許されないのか、特にCBAM措置についてはどのような条件が満たされれば整合性が確保され得るのかについて、明確な基準なり方向性を示すことが重要となっている。

　また炭素コストの国境調整の問題は、今般のCBAM制度導入に止ま

ることなく、将来的な各国に於けるカーボンプライシング制度やその国
際取引システム導入を見据えれば、いずれ国際的排出量取引市場の立ち
上げや炭素税の国境調整措置の導入の局面において、通商ルールの観点
からの検討が求められることが想定される。その意味でも、WTOとの
整合性を確保しうるCBAM制度のあり方が示されることには大きな意
義があるものと考えられる。

　この為、先ずはGATT第20条の例外規定を中心に関連規定の解釈基
準を明確に示して許容条件を明確化すると共に、更には将来的な炭素コ
ストを巡る国際的な取引制度や国境調整措置などの導入を見据えて、必
要となるGATTの条文修正などの方向づけを検討すべきである。

　他方で、環境を将来的にもWTOの例外分野と位置づけ、問題や課題
が発生する毎に現行規定の解釈の精緻化などで乗り切ることの限界につ
いても十分検討する必要がある。「環境」が例外分野に止まる限り、こ
れを巡る紛争は、個別案件毎に第20条の該当性を一般条項に基づいて、
"信義則"などの抽象的な基準の下で審査されることになる。これは法
的予見性や安定性を害し、紛争は寧ろ多発していく可能性がある。国際
社会の潮流が変わり、今後共気候変動対応策の拡大、強化が見込まれる
状況を踏まえると、環境問題は例外分野として処理するレベルを超える
との認識が高まっている。

　これまで自由貿易を旗印としてきた国際通商体制は、「非経済的分野」
という一種のパラダイムシフトを求める分野が無視できない存在として
大きくなりつつある。米中摩擦、そしてコロナ危機やウクライナ戦争を
契機とした効率化を最優先してきたグローバリゼーション見直しの流れ
の中で、WTOもこれまでとは異なる別の原理や価値観を導入し、分野
に応じた新たな手法や規律を取り入れていかない限り、市場機能を基本
とする国際通商体制自体が持たなくなってくるとの危機意識を持つべき
段階に差し掛かっている。

環境分野もその例外ではない。既に一部のFTAなどで規定化している規律をWTOの中に積極的に取り込む方向を目指し、そうした中で両者を調和させ、相互に影響させ、結果、WTOをより強靭化、強いものにしていく姿勢が重要である。

2　スコープ

本研究会のスコープは、上記の問題認識の下、WTOが環境分野における現下の国際社会のニーズをいかに取り込み、その現代化を図っていくべきかという観点から、本件に係る当面の具体的な課題と対応の方向性及びWTOとして中期的な対応のあり方を示すことである。

具体的には、先ずは環境保護を理由とした貿易制限措置の現行ルールを確認し、先例を踏まえ、関連規定の解釈と課題を整理する。その上で、環境問題の中でも最大の課題である気候変動対応に係る通商関連措置にフォーカスし、具体的事案としてCBDR及びCBAMについて、WTOとの整合性の有無を先ずは検証し、整合性が認められないとなれば、第20条の例外規定上どのような解釈が可能であり、仮に解釈に限界があるとすれば、どのような対応が求められるのか、CBAM側の制度構築上の留意点と併せ、見解を取り纏める。更に、環境保護という市場メカニズムとは異なる原理のWTOの枠組みへの取り込みに関し、取り込むとすればどのように取り込むことがあり得るのか、その方向性及び蓋然性を示すこととする。

II　環境分野における貿易制限措置と現行通商ルール（WTOの先例）

先ず、貿易と環境が問題とされたリーディングケースを分析し、関連規定の解釈を整理する。

　環境保護を目的とした措置のWTO整合性については、実体義務の違反と例外による正当化という2段階の検討が必要になる。特に問題となるのが、例外を定めるGATT第20条の解釈である。

　同条は(a)～(j)号（各号と呼ばれる）と柱書からなり、各号のどれを援用できるのかを検討する必要がある。そこで、気候変動と同様に大気の保護を扱った事例であり、かつWTOにおいて初めてGATT第20条の解釈が示された事例でもある、米国－ガソリン事件を取り上げることが適当と考えられる。

　次に、柱書に関する環境分野のリーディングケースは、米国―エビ・亀事件である。同事件は柱書の解釈が詳細に示された初の事例であるとともに、国際交渉との関係性などMEAとの関係についても示唆を与える点で、CBDRやCBAMのWTO整合性の分析にとって重要といえる。

1　過去のリーディングケース

⑴米国―ガソリン事件（DS2）
①措置の概要
　本件は、米国による大気汚染防止を目的とした、ガソリンの含有物等に関する基準設定が問題となった事案である。1990年に成立した大気浄化法及びそれを受けて米・環境保護庁（EPA）が設定した基準証明に関する規則は、米国内でガソリンを精製する国内業者は業者ごとに過去の実績値を基に設定される個別基準を用い、ガソリンの輸入業者は業者一律の基準を用いることとした。国産ガソリンに適用される個別基準は、輸入ガソリンに適用される一律基準に比べて、基準がより緩いものであった。

　この米国措置について、米国にガソリンを輸出していたブラジル、ベネズエラは、米国措置においては輸入ガソリンが国産品に比べて不利な

待遇におかれているとして、内国民待遇（GATT第3条）等に違反するとして1995年に協議要請を行った。協議が不調に終わったためパネルが設置され、1996年1月にパネル報告書が公表された。

②ルール整合性

パネル報告書では、米国の措置が内国民待遇義務を定めるGATT第3条第4項に違反すると判断した。

③措置の正当化根拠

米国は、大気汚染による健康被害の防止という観点から人及び動植物の生命や健康の保護（GATT第20条(b)号）及び清浄な大気の保護という観点から有限天然資源の保存を理由とする同条(g)号を援用し、米国措置の正当化を主張した。

パネルは、本件米国措置は、有限天然資源の保存を第一の目的としていないため、GATT第20条(g)号の政策目的には該当しない。GATT第20条(b)号の政策目的には該当するが、同号で求められる「必要性」の要件を充足していないため、同条の例外には該当しないと判断し、米国措置を違法とした。

パネル判断に対し、米国は上訴を行った。上級委は、パネルが行ったGATT第20条(g)号に関する判断を誤りとし、本件措置はGATT第20条(g)号の「有限天然資源の保存に関する措置」に該当するとした。ここでは、(g)号が「有限天然資源の保存に関する措置。ただし、この措置が国内の生産又は消費に対する制限と関連して実施される場合に限る。」と規定する通り、(ア)保護対象である大気が有限天然資源に該当するか、(イ)措置は大気の保存に「関する」といえるか、(ウ)措置が国内の生産又は消費に対する制限と関連して実施されているか、が問題となった。

まず(ア)について、上級委は(g)号にいう「有限天然資源」に「清浄な大気」が含まれることを明確にし、本件措置はこれに該当するとした。

(イ)について、パネルのいう第一の目的としていることは不要とし、措

置の構造・デザインに着目すると、一定のガソリンに関する基準設定によって清浄な大気が維持されることが肯定されるとしてこれを認めた。

　最後に㈅「措置が国内の生産又は消費に対する制限と関連して実施される場合に限る」という要件について、輸入制限と国内での制限が全く同一である必要はなく、輸入品と国産品を公平に（even-handed）扱えばよいとし、ガソリンについて国産品にも一定の基準が設定されていることをもって、これを肯定した。

　以上から(g)号への該当が肯定されたため、上級委はGATT第20条柱書の検討に進んだ。上級委は、米国措置は「恣意的な若しくは正当と認められない差別待遇の手段となるような方法や国際貿易の偽装された制限となるような方法で適用しない」とする柱書の要件を満たさず、結果としてGATT第20条によって正当化されないと判断した。

　上級委は柱書の要件の検討の中で、米国は輸出者にも国内業者と同様、個別基準を用意する道があるとした。すなわち、米国によれば外国での調査の困難さ等から輸出者の本件基準に関する遵守の確保は困難であるとするが、輸出国との国際協力などの方法を取る方法などがなお残されているとし、柱書の要件を満たさないと判断した。

⑵米国─エビ・亀事件（DS58）

①措置の概要

　米国はエビ漁に伴うウミガメ混獲からの保護のため、自国領海内ではウミガメ除去装置（TEDs）の使用を全てのエビ漁船に義務づけていた。米国はこれを米国市場へのエビ輸出国にも拡張し、エビ漁船にTEDsの使用を義務づけていない輸出国（非承認国）からのエビ及びエビ製品の輸入を禁止した。

　本件措置に対し、インド、マレーシア、パキスタン、タイが1996年に協議を要請したが不調に終わったため、翌1997年、4カ国は、本件措置は数量制限を禁止するGATT第11条1項に反するとして米国を提訴

した。

②ルール整合性

　申立国は、米国禁輸措置が数量制限の一般的禁止義務（GATT第11条1項）に違反すると主張し、米国もこれを争わなかった。

③措置の正当化根拠

　米国はウミガメが「有限天然資源」に当たるとして、GATT第20条(g)号を援用して措置を正当化した。他方、申立国は、「有限天然資源」はGATTの起草過程において鉱物資源等の非生物資源を念頭に置いて起草されており、ウミガメ等の生物資源は、これに含まれないと主張した。

　パネルでは各号より先に柱書の検討を行った結果、米国措置の違法性が認定されたため、米国は上級委に上訴した。上級委は各号と柱書の審査には順序があるとしてパネル判断を破棄した。そのうえで、(g)号について、米国―ガソリン事件での措置の正当化根拠でも述べた項目を検討し、㈠有限天然資源に含まれるか否かについては原告の主張を退けた。WTO協定前文の持続可能な開発との文言を元に、「有限天然資源」との文言は発展的に解釈されるべきである旨を述べたうえで、これには生物資源が含まれると解釈し、絶滅危惧種に指定されていることなどから、ウミガメが「有限天然資源」に該当するとした。

　次に㈡については措置とウミガメ保護という目的の間に密接かつ現実的な関係がある事、㈢については、国内でのウミガメ保護に向けた規制（TEDsの設置義務化）も実施されていることから、国内の生産・消費制限を肯定した。

　以上から(g)号への該当が肯定されたため、上級委はGATT第20条柱書の検討に進んだ。上級委員会は、本件ではじめて柱書の趣旨を詳細に論じた。すなわち、柱書は国際法の一般原則である信義誠実原則（good faith）を具体化したものであり、形式的に第20条各号を満たす措置の濫用を禁じている。柱書の適用は、GATT第20条を援用する加盟国と、

他の加盟国の持つGATT上の権利の均衡線を引く精巧な作業であり、この均衡線は事実関係に応じて変動しうる、とした。

　上級委は以上の理解をもとに、本件の事実関係では、次の3つの要素を中心に柱書違反に関する審査を行った。すなわち、㋐輸出国の条件に照らした義務づけが適切か、㋑措置の実施における基本的な公平性とデュープロセスが尊重されているか、㋒一方的措置以外の代替措置が利用可能でないか、である。

　上級委は本件米国措置について、㋐について非承認国に米国と同等水準ではなく、同一のTEDsの使用を義務づけることは不当であること、㋑について承認国の手続きにおいて聴聞や反論機会、理由の開示がないこと、㋒について熱帯カリブ海諸国とはウミガメ保護の条約を交渉したが原告とは実施していないことから、いずれも米国措置は満たしていないとした。

2　リーディングケースから得られる解釈上のポイント

　リーディングケースから、現行ルールにおける環境関連の措置について重要な示唆が得られる。まず、(g)号の審査内容は2つの先例によってかなり明確化されており、「有限天然資源」には絶滅危惧種等の生物資源や清浄な大気が含まれる。また、国内の生産や消費の制限について、全く同一である必要はないとされる。これらによって、(g)号の適用範囲が相当程度明らかになった。

　他方、これに伴い、実質的な争点は柱書に移行し（上記2事案でも柱書の違反が争点であった）、柱書審査に関し、上級委は「柱書は信義則の表れであり、その審査内容は事実関係に応じて変動する」、つまり事案毎に異なるとの立場である。このことは、事案毎に柔軟な審査を可能にする一方、パネル・上級委の判断に「当該事実関係においては」という限定が常に付されることとなり、措置導入国が過去の判断内容と整合

的な制度設計したとしても、当該事案の個別の事実関係いかんでは新た
な判断要素が加わってしまう可能性を排除できず、総じて法令上の予測
可能性を低める形となっている。

Ⅲ　具体的事案の評価と対応

1　CBDR原則

⑴課題

　冒頭に述べた通り、通商法上の無差別原則の貫徹は、環境法上の"共通
だが差異ある責任（CBDR）"との原則に抵触する可能性がある。2 FTA
で述べる通り、CBDR原則に沿ったMEAの枠組みが定着し、これを踏
まえたFTAの増加や今後の貿易制限的措置の導入の動きの中で、問題
発生の可能性が高まりつつある。

⑵通商ルール上の評価と対応

①第20条柱書の解釈（文言解釈）

　先ずはWTOルールとの整合性を確認し、考え方を整理する必要があ
る。その際、特に重要なのは「同様な条件下にある諸国の間において、
恣意的もしくは正当と認められない差別」を禁じたGATT第20条柱書
の解釈であり、ここで問題となるのが、比較対象となる「同様の条件」
の指す内容である。一般には例外措置を取る政策目的（これは公徳の保
護や動植物の生命健康の保護などGATT第20条各号で特定される）が
そのメルクマールになると考えられる。例えば、農作物の輸入検疫を考
える。ある病害虫が所在する国とそうでない国からの農作物の輸入品で
は、病害虫が輸入されるリスク、つまり国内の動植物の生命や健康の保
護に与えるリスクが異なるため、この2つの国は「同様な条件下」にな
いと考え、検疫の強度を異ならせることが許容されると考えられる。

　しかし、条文の文言上限定が付されているわけではないから、「条件」を政策目的だけに限る理由はなく、経済発展段階を「条件」として読み込むことも可能と考えられる。

　過去の紛争事案でも類似の解釈が行われている。ECの特恵関税（GSP）における一部途上国の優遇について、優遇を受けなかったインドが最恵国待遇違反で提訴したところ、上級委は、開発水準・特定状況に従って途上国は異なる必要性を有する可能性があること指摘し、客観的な基準に基づき、途上国の異なった開発や貿易・資金などの必要性に応じて、異なった対応（GSPの適用）が認められると判断している。すると、発展段階が異なる諸国は「同様の条件下」にはないため、例えば開発途上国を先進国に比べて優遇措置を取ることも許容されると考えられる。この解釈を敷衍すれば、また多国間で合意した枠組みであるMEAのレジティマシーの要素も踏まえれば、CBDR原則は柱書の要件を満たすものとして、CBDRと無差別原則の両立を図っていくことが考えられる。

②CBDR原則の解釈上の取り込み（統合的解釈）

　仮に上述のような文言解釈では経済発展段階を「条件」として読むことができないという立場をとる場合、次に考えられるのが、ウィーン条約法条約（VCLT）に基づくその他の条約解釈手法を用いることである。CBDRはMEA上の原則となってはいるが、これが具体的にどのような内容を意味するかはUNFCCCやパリ協定など個別のMEAによって異なっている（パリ協定ではより自主的なコミットメントの要素が強い）。そのため、CBDRの指す内容を具体的なMEAによらず、予め決めてしまって通商ルールに取り込むことは難しい。WTOルール上の無差別原則との抵触が問題となるMEA毎に、かつCBAM等の問題となる措置毎に、CBDRとWTOルール上の無差別原則との調整を図っていくことが方向性として考えられる。

MEA毎にGATTとの整合性を確保した解釈を行う手法が、VCLT第31条3項(c)号に基づくいわゆる統合的解釈である。条約解釈について定めるVCLT第31条は、解釈の基本原則を定める1項で「条約は、文脈によりかつその趣旨及び目的に照らして与えられる用語の通常の意味に従い、誠実に解釈する」こと、つまり文言解釈を原則としている。ただし文言解釈はVCLTが認める唯一の解釈手法ではなく、VCLTは同条3項において、文脈とともに「当事国の間の関係において適用される国際法の関連規則」を解釈上考慮するとしている。つまり、国際法の関連規則、例えばMEAをWTO協定の解釈上取り込むことが許容されているから、これを積極的に活用していくことが考えられる。

　ここで問題となるのが、「当事国の間の関係において適用される」という文言が紛争当事国を指すか、WTO加盟国全体を指すかである。先例のパネルは後者と解して全WTO加盟国を指すとするものもあるが（ECバイオテック事件）、近時の先例ではWTO加盟国の共通の意思を形成しているか否かが重要とする。すると、気候変動枠組条約やパリ協定（193カ国参加、175カ国署名）はWTO加盟国の「共通意思」を体現した条約とみなせるため、これらを国際法上の関連規則として参照し得ると考えられる。

　以上の解釈手法に依拠すると、例えば「同様の条件」について経済発展段階を考慮して途上国と先進国の条件が異なるとすること（UNFCCC）、パリ協定における自主コミットメントを遵守しているかどうか（パリ協定との整合性を確保する場合）、といった観点で異なった扱いをすることが許容されることになると考えられ、CBDRと無差別原則を調和的に併存させることができる。

2　FTA

⑴FTAの環境関連ルールに関する動向と課題

　FTAの全体的な傾向を見ると、WTOが2021年にまとめた調査では、64のFTA（WTOに通知されたFTAの約18%）が少なくともひとつの気候変動に関する条項（気候変動、グローバルな温暖化、GHGの削減又は低炭素経済の創造に言及する条項）を有している。

　（MEA義務の履行規定－CBDRのFTAにおける通商ルール化）

　その中で、CBDRを含むMEA実施義務の再確認を規定する事例が近時増加している。下記に示す通り、EUやEFTAが締結するFTAにおいては、CBDRに沿ってパリ協定を履行することを規定するパリ協定第2条（EUメルコスールFTA）や、パリ協定の実施に当たってCBDRを反映すること（EFTAエクアドルFTA）といった規定が導入されている。

　ただ、FTAにおいてMEAを超える義務が規定されることもある（日EUEPAにおける違法伐採への対処は努力義務であるものの、そもそも

図表1　気候変動に関連する規定を有するFTA数の推移[1]

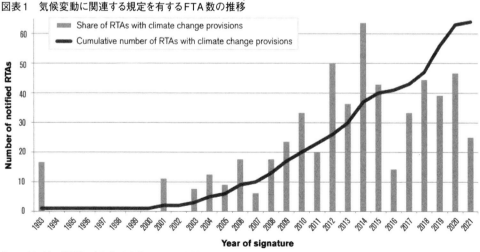

Source: Monteiro (2016) updated to include more recent data.

違法伐採を扱うMEAが無いため、FTAにおいてMEAに類する内容を補完的に入れ込んでいるとも考えられる）。

また、日EUEPAの条文上は、「本協定はMEA実施措置の採用・維持を妨げない。ただし、<u>他国に対する恣意的又は不当な差別又は偽装された貿易制限となる態様で適用しないことを条件とする</u>」とある通り、GATT第20条のうち柱書審査に相当するもの（下線部）のみが規定され、必要性審査に相当するものがなく、こちらの方がより広い措置を正当化し得ると考えられる。すると、FTA上は正当化できても、WTO上はGATT第20条を含めても正当化されない措置が存在することとなる。

従って、今後、気候変動に係るMEAの実施に関連した通商制限措置がFTAに盛り込まれることになれば、CBDRと通商ルールにおける無差別原則の抵触が一層現実的な問題として生じる可能性が高まることとなる。

勿論、そもそもMEA上の措置の必要性の有無に関わらず、WTO協定はWTO協定上の義務の逸脱を、FTAを理由として正当化することを認めておらず、FTA上の義務に基づく措置はWTO上の例外（おもにGATT第20条）で正当化される必要がある。この点、CBDRをめぐる解釈については、上記Ⅲ1(2)②で述べたとおりである。

（紛争解決機能の規定）

同様に、FTA自体で紛争解決機能を規定するものが近年多数締結されている。仮にこのような機能が利用され始める場合、紛争事案の蓄積によりFTA間で同一の文言でも解釈が異なってくる通商ルールの断片化が発生するリスクがある。特に、MEAがFTAに取り込まれ、FTAの一部として組み込まれたMEAの文言が解釈される場合、同一のMEAから引用された文言であっても、FTA間で差異が生じ、この意味でもWTOの枠組みが事実上空洞化する恐れがある。

⑵主要国・地域の具体的事例

①EU

　気候変動対策に最も積極的なEUは、FTA/EPAの環境関連章においても、気候変動に関するルールを積極的に規定している。日EUEPAを例にとると、まず、UNFCCC及びそれに基づくパリ協定の実施に関する義務を再確認する。また、これらの目的を実現するため、気候変動に対処するための行動をとるために協働することを約束している（第16.4条4項）。

　これは気候変動対策に関するMEA上の義務を確認したものであるが、次の第5項において、本FTAの規定はMEAを実施するための措置を採用し、又は維持することを妨げるものではないとしており、少なくともFTA上の義務については、MEAの実施自体が措置のFTA上の義務違反を正当化する根拠として掲げられているといえる（ただし、GATT第20条柱書と同様の条件が付されている）。

【日EUEPA（EU・シンガポールFTA、EU・ベトナムFTAにも類似規定あり）】

第16・4条　環境に関する多数国間協定

1.　両締約国は、国際社会が環境に関する地球的規模又は地域の課題に対処するために環境に関する多数国間協定（特に両締約国が締結しているもの）が多数国による環境の管理の手段として重要であることを強調する。両締約国は、貿易と環境との間の相互の補完性を達成することが重要であることを更に強調する。このこととの関連において、両締約国は、貿易及び持続可能な開発に関する専門委員会の会合及び適当な場合には他の場において、相互に関心を有する貿易関連の環境に関する事項について見解及び情報を交換する。

2.　各締約国は、自国が締結している環境に関する多数国間協定を

自国の法令及び慣行において効果的に実施することについての自国の約束を再確認する。

3. 一方の締約国は、拘束されることが適当と認める環境に関する多数国間協定（その改正を含む）の批准、受諾若しくは承認又は当該多数国間協定への加入及び当該多数国間協定の実施に関する自国の状況及び進展について他方の締約国と情報を交換する。

4. 両締約国は、気候変動という緊急の脅威に対処するために1992年5月9日にニューヨークで作成された気候変動に関する国際連合枠組条約（以下「気候変動枠組条約」という）の究極的な目的を達成することの重要性及びこの目的のために貿易が果たす役割を認識する。両締約国は、気候変動枠組条約及び2015年12月12日にパリで気候変動枠組条約の締約国会議によってその第21回会合において作成されたパリ協定を効果的に実施することについての自国の約束を再確認する。両締約国は、温室効果ガスについて低排出型であり、及び気候に対して強靱である発展への移行に対する貿易の積極的な貢献を促進するために協力する。両締約国は、気候変動枠組条約の究極的な目的及びパリ協定の目的を達成することに向けて気候変動に対処するための行動をとるために協働することを約束する。

5. この協定のいかなる規定も、一方の締約国が自国が締結している環境に関する多数国間協定を実施するための措置を採用し、又は維持することを妨げるものではない。ただし、当該措置を、他方の締約国に対する恣意的若しくは不当な差別の手段となるような態様で又は貿易に対する偽装した制限となるような態様で適用しないことを条件とする。

EUは交渉中のFTAにおいて、上記の締結済FTAにおけるMEAに関する条項を更に拡充し、気候変動について独立した条項を提案するに

至っている。EUメルコスールFTAの貿易と持続可能な開発章（TSD章）においては、その第6条が「貿易と気候変動」と題されており、UNFCCC及びパリ協定上の義務を効果的に実施することがFTA上の義務として規定されている。さらに、CBDRを規定するパリ協定第2条に言及しつつ、通商がGHG排出の削減や気候変動への強靭性のある発展に貢献するよう促進することを定める。これは、CBDRを加味しつつ気候変動対策に関する通商措置を導入することを義務づけているといえる。

【EUメルコスールFTA（交渉中）　※上記から一歩進んで、気候変動を独立した条で規定】

CHAPTER　TRADE AND SUSTAINABLE DEVELOPMENT

Article 6 Trade and Climate Change

1. The Parties recognise the importance of pursuing the ultimate objective of the United Nations Framework Convention on Climate Change (UNFCCC) in order to address the urgent threat of climate change and the role of trade to this end.

2. Pursuant to paragraph 1, each Party shall:

  (a) effectively implement the UNFCCC and the Paris Agreement established thereunder;

  (b) consistent with article 2 of the Paris Agreement, promote the positive contribution of trade to a pathway towards low greenhouse gas emissions and climate-resilient development and to increasing the ability to adapt to the adverse impacts of climate change in a manner that does not threaten food production.

3.　The Parties shall also cooperate, as appropriate, on trade-related climate change issues bilaterally, regionally and in international fora, particularly in the UNFCCC.

②EFTA

　EUと結びつきが深く、EU-ETSに参加するとともに、単一の経済圏である欧州経済領域（EEA）を構成する欧州自由貿易連合（EFTA）もまた、EUと同様、気候変動関連の条項を積極的に自らのFTAに入れ込んでいる。2020年のFTAのTSD章に関する政策文書において、今後EFTAの締結するFTAのTSD章では、気候変動関連規定の導入を明記している。

　EFTAエクアドルFTAのTSD章では、EUメルコスールFTAと同じく、貿易と気候変動と題する条項を設け、類似の内容を第8.11条に規定している。ただし、ここではパリ協定第2条ではなく、パリ協定の実施にあたって、直接CBDRの概念を反映すべきと言及している（同条2項(b)号）。

【EFTAエクアドルFTA（斜体による協調を追加）】

ARTICLE 8.11 Trade and Climate Change

1. The Parties recognise the importance of achieving the objectives of the United Nations Framework Convention on Climate Change (UNFCCC) and the Paris Agreement in order to address the urgent threat of climate change and the role of trade in achieving these objectives.

2. Pursuant to paragraph 1, the Parties shall:

　(a) effectively implement the UNFCCC;

　(b) effectively implement the Paris Agreement under which each Party's successive nationally determined contribution will represent a progression beyond the Party's then current nationally determined contribution and reflect its highest

> possible ambition, *reflecting its common but differentiated responsibilities and respective capabilities*, in the light of different national circumstances;
>
> (c) promote the contribution of trade to the transition to a low-carbon-, sustainable and climate resilient economy; and
>
> (d) cooperate bilaterally, regionally and in international fora, as appropriate, on trade-related climate change issues

③米国

　米国は近年FTAの締結自体に積極的でなく、またトランプ政権下では気候変動対策と距離を置きパリ協定からも一時脱退していたため（2021年に復帰）、EUのようにUNFCCCやパリ協定に言及して気候変動対策を明示したFTAはない。

　しかし、脱退はしたものの、米国が主導した（CP）TPPにおいて低炭素排出経済への移行に関する協力を規定している（第20.15条）。

　また、NAFTAの後継となるカナダ・メキシコと締結したUSMCAにおいては、オゾン層の保護に向けモントリオール議定書が規律する物質の生産や消費等の制限（第24.9条）や、大気汚染の防止に向けた協力（第24.11条）などを規定しており、気候変動対策について一定の規律を導入しているといえる。

④ニュージーランド他

　2019年、ニュージーランドが主導して、コスタリカ、フィジー、ノルウェー、アイスランドが参加し、Agreement on Climate Change, Trade and Sustainability（ACCTS）の交渉が開始された。ACCTSは交渉中のため、その具体的な条文は公表されていないものの、その主な交渉スコープは下記の3つとされており、貿易制限的な措置を義務付けるものではないと考えられる。ただし交渉中の協定であるため、スコープ

は今後も拡大される可能性がある。

- ○ 環境関連物品の関税削減と環境関連サービスの新規の拘束力ある
  コミットメント
- ○ 有害な化石燃料に対する補助金の削減に関する規律
- ○ 任意のエコラベリングプログラムの発展及び実施、およびその奨
  励及び適用に関するガイドライン

3 EU・CBAM措置

(1)EU・CBAM措置の概要及び留意点

　EUは、炭素リーケージの防止を目的として、炭素国境調整措置
（CBAM）の導入を決定した。この措置は当面セメント等5品目を対象
とし、輸入者がこれら品目の輸入を行う際に加盟国からCBAM証書
（Certificate）を購入・納付する形をとる。但し、本措置には適用除外
となる輸入国があり、EU-ETS参加国のほか、「気候中立達成のより高
次元の実行と目標を保証する貿易相手国」は協定の締結で適用の代替
（免除）を考慮すると規定する。CBAM証書の額は輸入品の実排出量を
基に算定されるが、輸出国で課される炭素税等を控除する。また、算定の

図表2　欧州委員会の提案におけるCBAM措置の概要

項　目	内　　　　容
目的	• 炭素リーケージの防止（EU-ETS の排出枠無償割当措置の代替）
対象産品	• セメント、鉄鋼、アルミニウム、肥料、電力のEU域外からの輸入
適用除外	• EU-ETS参加国（アイスランド、リヒテンシュタイン、ノルウェー、スイス等）を除外。 • 気候中立達成のより高次元の実行と目標を保証する貿易相手国はカーボンプライシングを考慮した上、協定の締結によって適用を代替（免除）することを考慮する、と規定。
導入時期	• 正式導入は2026年1月（2023〜2025年は移行期間とし四半期報告のみ実施）
支払方法	• CBAM証書（Certificate）を輸入する加盟国から購入・納付する形をとる

基礎となる排出量当たりの価格は、EU-ETSオークション価格に連動する。

　EU措置の狙いとして、EUは巨大なEU域内市場をレバレッジとし、自らの設計する気候変動対策制度（本件CBAM措置、EU-ETS等）をグローバルに拡大することを考えている。他方で、制度対象国と例外国の認定や、具体的なカーボンプライシングの控除額の算定等が運用に委ねられ、制度を運用するEU政府（欧州委員会や加盟国政府）に大きな裁量を残している。

　前頁の表のうち、CBAM証書の納付手続は以下の流れとなる。まず、輸入者は輸入許可を申請してそれが当局に許可されると、年間の輸入量と当該貨物の排出量を申告し、排出量を算出する。そこから、生産国において支払済のカーボンプライシングがある場合、これを控除する。控除後の排出量に応じて、輸入国においてEU-ETSの週次平均を元に算出された証書を購入・納付することとなる。

図表3　EU・CBAMにおける輸入者のCBAM証書納付手続

GHG排出量算出	・原則、実排出量を算出
支払済カーボンプライシング控除申請	・控除対象は炭素税等が該当する 　（計算方法は欧州委員会が別途定める）
CBAM証書購入・納付	・証書は輸入国政府が販売し、輸入者が納付 ・価格はEU-ETSオークション価格連動（週次平均） ・EU-ETS無償割当分は調整 ・不履行の場合EU-ETSと同等の罰金

⑵通商ルール上の評価

　CBAMについては、運用面を含めた制度全体のWTOルールとの整合性を確保するための前提や条件の検討が重要となる。

①実体義務の違反

〈GATT第1条1項（最恵国待遇）〉

　CBAM措置は、EU-ETS参加国等を適用除外、つまりその他の輸出国よりも優遇しているため、最恵国待遇義務との関係が問題となる。

　最恵国待遇義務はGATT第1条1項において、「いずれかの種類の関税及び課徴金で、輸入若しくは輸出について若しくはそれらに関連して課され、又は輸入若しくは輸出のための支払手段の国際的移転について課せられるものに関し、それらの関税及び課徴金の徴収の方法に関し、輸入及び輸出に関連するすべての規則及び手続に関し、並びに第三条2及び4に掲げるすべての事項に関しては、いずれかの締約国が他国の原産の産品又は他国に仕向けられる産品に対して許与する利益、特典、特権又は免除は、他のすべての締約国の領域の原産の同種の産品又はそれらの領域に仕向けられる同種の産品に対して、即時かつ無条件に許与しなければならない」と規定されている。

　CBAMが「他国の原産の産品又は他国に仕向けられる産品に対して許与する利益、特典、特権又は免除」を「即時かつ無条件に許与」していないことは明らかであるから、問題となるのはCBAMの対象となる国からの輸入品と適用除外国からの輸入品が「同種の産品」とされるかどうかである。

　この点、先例上、「同種の産品」であるかどうかは㈠産品の物理的特性・性質、㈣用途、㈦消費者の嗜好及び㈢関税分類の4要素によって判断するという解釈が定着している。この解釈に基づくと、比較している輸入品間では、㈠、㈣、㈢は異ならず、㈦についても消費者の嗜好の変化は同種性を否定する程には大きくないと予想される。したがって、輸

出国がEU-ETSに参加しているかどうか、つまりCO$_2$排出についてEUと類似の水準で抑制されているかどうかは「同種の産品」の判断に影響しないため、CBAMの対象となる国からの輸入品と適用除外国からの輸入品が「同種の産品」となる。そのため、これらに取り扱いの差を設けているCBAM措置はGATT第1条1項の規定する最恵国待遇に違反すると考えられる。

〈GATT第3条2項（内国税等の内国民待遇）〉

　GATT第3条2項は、「いずれかの締約国の領域の産品で他の締約国の領域に輸入されるものは、同種の国内産品に直接又は間接に課せられるいかなる種類の内国税その他の内国課徴金をこえる内国税その他の内国課徴金も、直接であると間接であるとを問わず、課せられることはない」と規定する。

　ここで問題となるのが、EU・CBAM措置において同種の国内産品に課されているのはEU-ETSによる排出量の購入であり、これが「内国税その他の内国課徴金」といえるかである。この点については争いがあり、まず「内国税その他の内国課徴金」とはいえないとする立場について説明する。EU-ETSは市場取引で価格が決まるため関税のように特定の税率に基づく課金制度ではないこと、市場参加者間の取引であり政府への支払いを必ずしも伴わないことから、内国税または課徴金に該当しないと考えられる。この立場に立てば、CBAM措置には第3条2項の適用はなく、同項の違反も生じないと考えられる。

　他方、「その他の課徴金」に該当するという立場もある。まず、文言解釈上の根拠として、ここにいう「その他課徴金」は「その他の内国税に類似する課徴金」とは規定していないため、より広い範囲を指すと解釈し得る。また、実質的な理由として、国内事業者には排出量購入義務があり、他方で輸入業者はそれに相当する負担を負わないと、内外の逆差別が生じることが挙げられる。

この立場に立つと、CBAM措置には第3条2項の適用がある。この場合には、CBAM証書の額が国内において課される価格を超えないことが重要であるが、証書の購入額はEU-ETSに連動して決定されるため、基本的には違反はないと考えられる。ただし、証書の購入額はETSの週次平均額で決まるため、ETSの価格動向次第では、ETSから直接調達するEU域内事業者の購入額よりも高くなる場合がある（すなわち、課されることが禁じられている「いかなる種類の内国税その他の内国課徴金をこえる内国税その他の内国課徴金」が課されることになり）、その場合は違反に問われ得る。

〈GATT第3条4項〉

　GATT第3条4項は、「いずれかの締約国の領域の産品で他の締約国の領域に輸入されるものは、その国内における販売、販売のための提供、購入、輸送、分配又は使用に関するすべての法令及び要件に関し、国内原産の同種の産品に許与される待遇より不利でない待遇を許与される」と規定する。

　ここで問題となるのは、輸入品に対し、国内における販売等に関するすべての法令及び要件に関し、国内原産の同種の産品に許与される待遇より不利でない待遇が与えられているかどうかである。この点、CBAM証書の価格はEU-ETS、つまり国産品に求められる価格と連動しているため、一般にこれは肯定されると考えられる。

　ただし、EU-ETSにおいては、EU域内の産品に対する無償割当があり、これが削減されるかどうか（削減されないとすれば無償割当を利用できる国産品が優遇されていることとなる）、また、輸出国内で課されたカーボンプライシングを控除するとしているが、これをどのような証拠に基づいてどのような方式で算定し、どの程度の控除を認めるか、といった措置の具体的な運用に依存しているといえる。

〈GATT第2条（譲許表）〉

　GATT第2条1項(a)号は、「他の締約国に対し、この協定に附属する該当の譲許表の該当の部に定める待遇より不利でない待遇を許与する」と規定する。この点、CBAM措置によるCBAM証書の購入は、譲許税率を超える税率となる可能性があり、その場合には同号に違反する。

　ただし、同条2項は「この条のいかなる規定も、締約国が産品の輸入に際して次のものを随時課することを妨げるものではない」と規定してその除外される場合を定め、(a)号として「同種の国内産品について、又は当該輸入産品の全部若しくは一部がそれから製造され若しくは生産されている物品について次条2の規定に合致して課せられる内国税に相当する課徴金」が除外されることを規定する。

　したがって、二酸化炭素等のGHGがGATT第2条2項(a)号の除外対象に該当すれば、同1項の違反とならない。第2条2項(a)号は国内産品を製造する過程で投入される物（投入物）にも適用されると規定するが、GHGは最終製品に残存していない点に問題がある。同項の起草過程によると、ここで想定されているのは、化粧品が含有するアルコールのように最終製品に残存する投入物の負担の調整であり、この立場に立てば、最終製品中に残存しないGHGは除外規定の対象外となる。

〈GATT第11条（数量制限の一般的禁止）〉

　GATT第11条1項は、「締約国は、他の締約国の領域の産品の輸入について、又は他の締約国の領域に仕向けられる産品の輸出若しくは輸出のための販売について、割当、輸入又は輸出許可、その他の措置の如何によらず、関税その他の課徴金以外のいかなる禁止又は制限も新設し、又は維持してはならない」（抄）と規定する。

　問題となるのが、CBAM措置が「関税や課徴金の賦課」にあたるかであるが、第3条2項に関する分析と同様の理由から、CBAM措置はこれに該当しないと考えられる。

ただし、そもそもCBAM措置は単に金銭的な支払いを伴うにすぎず、何等かの数量的な制限を課すものではないため、そもそも「いかなる禁止または制限」には該当しないと考えられる。

②例外による正当化

　①の結果、EU・CBAM措置は複数のGATT上の規定に違反する可能性があるため、GATT第20条上の一般例外に基づく正当化の可能性を検討する。ここでは、Ⅱ1で取りあげた先例と同様、同条の中でも(g)号に基づく正当化を中心に検討する。これは、(b)号による正当化も考え得るが、(g)号に比べると要件が厳しいため、議論の実益が少ないと考えられるためである。

〈GATT第20条(g)号：有限天然資源の保存に関する措置〉

　まず論点となるのが、EU・CBAM措置が「有限天然資源の保存」を目的とした措置といえるかどうかである。この点、先例上は「清浄な大気」も有限天然資源とされている点を指摘できる（米国‐ガソリン事件上級委報告；Ⅱ1(1)参照）。つまり、CBAM措置が目的とする気候変動の防止により保存される、「GHGに影響を受けない気候」を有限天然資源としてみなし、CBAM措置はその保存にむけた措置と位置付けられると考える。

　次に、有限天然資源の保護に「関する」措置といえるかどうか、つまり関連性の有無が問題となる。先例上、関連性は手段と目的の関係性が密接で、実質的なものが確認できることとされるが、CBAMによるGHGの削減と温暖化防止の関係性については、カーボンリーケージの防止を目的として掲げ、実際にそうした効果があることは否定されていないため、これを肯定できると考えらえる。

　なお、ここでCBAM措置は輸出国、つまりEU域外に所在する対象を保護しているため措置の関連性は否定されるとの反論もあり得るが、「気候」はEUを含む全世界に影響を与えるため、域外性は問題とならないと考えられる。

　最後に、「国内の生産又は消費に対する制限」が導入されているか否かであるが、これは、先例においては国産品と輸入品を公平に（even-handed）に扱うことを求めており、両者を全く同一の基準で扱う必要はないとされる（米国－ガソリン事件上級委）。CBAM措置について、「国内の生産又は消費に対する制限」は、EU-ETSの導入によって担保されているといえる。ただし、この内外の公平性については、GATT第3条4項で指摘したことと同様、EU-ETS上のEU域内産品に対する無償割当が削減されるかどうか、また、輸出国内で課されたカーボンプライシングの控除が、どのような証拠に基づいてどのような方式で算定され、どの程度の控除を認めるか、に依存していると考えられる。

〈GATT第20条柱書〉

　リーディングケースの分析で述べた通り、先例によれば、柱書は権利濫用の防止を目的とした信義則の表れであり、事案に応じて多様な考慮要素が提示されてきたため、考慮要素を限定列挙することは難しい。しかし、過去の判断から、少なくとも、㋐輸出国の条件に照らした義務づけの適切さの考慮、㋑措置の実施における基本的な公平性とデュープロセスの尊重、㋒一方的措置以外の国際交渉等の代替措置が利用可能かどうか、が柱書審査上の論点になると思われる（いずれも米国―エビ・亀事件の分析より）。こうした論点に関し、CBAM措置については以下のように受け止められる。

　㋐については、現時点での枠組みでは、輸出国に硬直的に自国措置との同一性を要求している点が問題となりうる。この点はEU域外のEU-ETS参加国への適用除外、EUが同等性を認める諸国、類似の取り組みを持つ国の算定額からの控除等によって対応が図られている。

　但し、市場価格以外のアプローチで温暖化ガス排出を抑制している国の政策が排除されるのかという点を中心に、EUが同等性を認める除外対象国の選定に関し、EUがどのような客観的な条件や証拠に基づきこ

れを判断するか、また同等性が承認されなかった場合の救済措置の有無など、今後の制度の詳細な設計や運用に依存する。

　また、CBAMにおいてMEAの依拠するCBDRとの関係をどのように位置づけるのかも課題である。UNFCCCやパリ条約などはWTO加盟国の"共通意思"を体現した条約とも言え、第20条柱書の解釈を踏まえ、例えばパリ条約順守国をCBAMの除外対象国とすることにより、この問題への一定の対応が図られうるものと考えられる。

　(ｲ)については、EU-ETSの無償枠の削減やカーボンプライシングの控除が問題となり、無償枠の削減が内外無差別的な態様で行われるか、具体的な証書のEU-ETSに基づく価格設定や、輸出国の事情を考慮した控除や排出量の算定に関しての客観的な基準による運用が求められる。

　(ｳ)については、国際交渉を通じた代替措置として、気候変動枠組条約が存在し、現行のパリ協定がこれに該当し得る。しかし、パリ協定においては気候変動対策における達成目標が自主的なコミットメントに委ねられるためEUが望む水準のカーボンリーケージの防止を図る観点では十分ではない。つまりパリ協定に基づく国際的な気候変動対策はEUの望む達成水準を満たさないため、代替措置と言い得るか疑問である。したがって、現時点で代替措置は存在しない。また、EUは多数国間の気候変動を扱う国際交渉へ参加しており、代替措置の利用に向けた努力はなされているものの奏功していない状態といえ、代替措置の検討は尽くしていると考えられる。

図表4　EU・CBAM措置のWTOルール整合性　検討結果概要

区分	論　点	GATT条文	解　　　　釈	結　　　論
義務違反	CBAMの特定国除外は無差別原則に反するか	最恵国待遇（第1条）	「同種の産品」の判断にCO$_2$排出量は影響しないため、この基準で対象国を選別する措置は最恵国待遇に違反。	違反する（但しCO$_2$排出量が異なることを理由に同種性を否定する解釈を取ることで正当化は可能）

区分	論点	GATT条文	解釈	結論
義務違反	CBAMの特定国除外は無差別原則に反するか	関税その他の課徴金に係る内国民待遇（第3条2項）	適用を肯定する立場と否定する立場がある。まず否定する立場では、国内産品に適用されるのは排出量取引であり、「内国税その他の内国課徴金」に該当しないため、違反もない。他方、肯定する立場に立ったとしても、CBAM証書の価格はETSに連動するため、基本的に違反はない。ただし、CBAM証書の価格は週次平均に連動するため、一時的な高騰などで国内事業者と負担が平等にならない可能性があり、その場合には違反となる。	基本的には違反しない（ただしCBAM証書の価格がETSの週次平均で決まるため、ETSの価格動向によっては国内事業者と同一の負担とならず違反となる場合があり得る）
		内国規制等に係る内国民待遇（第3条4項）	EU-ETSとの連動した措置であり、相手国に不利な扱いとはならない。（但し、運用面でEU内の無償割当削減や輸出国での控除が適切に運用され、内外無差別が担保される必要がある。）	左記に対応した措置の導入が条件となる
	CBAM証書は関税譲許違反か	関税の賦課（第2条1項、2項）	第2条1項上、CBAM措置が譲許税率を超える不利な待遇になる可能性はあるが、2項(a)号の除外対象に該当すれば違反とならない。2項(a)号の解釈上、最終生産物に残存しないGHGは除外対象とならない。	違反する
	CBAMは数量制限に該当するか	数量制限の一般的禁止（第11条1項）	CBAMは"関税その他の課徴金"ではないが、何らの数量制限を課すものではなく、同条禁止事項に該当しない。	違反しない
例外規定による正当化	気候変動対策措置として正当化されるか	有限天然資源の保護（第20条(g)号＋柱書）	【(g)号】気候変動対策は、有限天然資源であるGHGに影響されない気候の保護に向けた措置として認められる。【柱書】輸出各国の条件に照らした適切な義務付け、輸入品の国産品との公平性とデュープロセスの尊重、代替措置の問題などのクリアが必要。	【(g)号】違反しない　【柱書】左記に対応した措置の導入が条件となる

(3) CBAMのWTO整合性確保のための対応

① 解釈上の対応

(i) CBAM運用の条件

　Ⅲ3(2)の解釈に基づけば、WTO整合性を確保するうえでのCBAM運用条件については以下の諸点が考えられる。

○EU域内産業への無償割当が廃止されること

○輸出国でのカーボンプライシング控除がEUと同等条件であること

○EU-ETSと同様の対策を採用する諸国の除外に関し、GHG削減に繋がる多様な措置を、柔軟性を持って認めること

○国の認定や控除額算定に関し、客観性、透明性や異議申立等の救済措置が担保されること

○ある意味で輸出各国の置かれた条件が反映されたCBDRとの関係が整理されること

(ii) 解釈のアップデート

　人権分野と異なり、WTOには協定において持続可能な開発への言及（前文）があるほか、貿易と環境の問題を扱う組織（貿易と環境委員会（CTE））が存在し、現行協定の解釈で対処できる部分もある。そうした観点からWTO協定の原則をより環境保護と調和できるよう、解釈によるアップデートを図っていくべきである。

　方向性としては、GATT第2条2項(a)号に規定する内国税又は課徴金の調整範囲として、最終製品に残存しない物質は含まれないとの解釈を変更し、「当該物品を製造する過程で使用する物質であってその過程で炭素を放出するものに対する内国税又は課徴金」を含むとの解釈を採用することが考えられる。具体的な手続きとしては、WTO協定の排他的、最終的解釈権限を持つ加盟国の一般理事会による解釈決定がある。すなわち、WTO設立協定であるマラケシュ協定第9条2項は「閣僚会議及び一般理事会は、この協定及び多角的貿易協定の解釈を採択する排他的

権限を有する」と定め、紛争解決機関ではなく、加盟国の代表団が解釈に関する排他的、最終的な権限を有すると明確に規定する。そこで、同項に基づき、閣僚会議又は一般理事会において、加盟国が4分の3の多数決でこの解釈を排他的に採択できれば、それ以降の紛争解決はこの解釈に拘束されるため、CBAM措置のWTO整合性をより明確に確保できることとなる。

　更に、GATT第1条（最恵国待遇）や第3条（内国民待遇）といった無差別原則違反について、現状生産過程におけるGHGの排出量が同種性に影響を与えないとの解釈を変更し、「同種の産品」や「直接競合品」等において、考慮要素のひとつである消費者選好がGHGの排出量によって異なることを理由に同種性を否定する解釈を取ることが考えられる。これについても、実現手段としてマラケシュ協定第9条2項に基づく解釈決定が考えられる。

②実体規定の改正

　1の解釈上の対応に限界がある場合、協定の実体規定について改正を行うことになる。この場合、例えばGATT第2条2項(a)号は、GHG国境調整税がGATT第2条2項(a)号の範囲内であることを確認する確認規定か、又は、GATT第2条2項(a)号では認められない事項を許容する創設的規定のいずれかになる（この点は第2条2項(a)号の解釈による）。

　前者の立場に立てば、GATT第2条2項(a)号bisを新設することが考えられるが、一例として次のような条文を提案できる。このような実例として、特許の強制実施を定めたTRIPS協定の改正議定書がある。
〈GATT第2条2項(a)号bis（案）〉
　「［適用範囲の明確化］加盟国において、化石燃料を使用して製造される物品の生産過程において必然的にGHGが排出され、当該加盟国が、その生産過程によって生産された物品に対して炭素税を課し、当該物品と同種物品である産品が輸入される場合には、当該加盟国は、その輸入

産品に当該炭素税を超えない額（率）の輸入課徴金を賦課することができる。」

Ⅳ 「貿易と環境」対応への基本的方向性

1 既存ルール内での対応

(1)解釈上の対応

　既にⅢ1(2)で述べた通り、CBDRについては、GATT第20条柱書の解釈を工夫することでこの概念をWTOルールと両立させることが可能になる。また、CBAMについては、Ⅲ3(3)①に記した通りである。すなわち、柱書における「同様な条件」について発展段階を考慮するよう解釈することで、あるいは、VCLT上の統合的解釈を活用して「同様な条件」をMEA上のCBDRを取り込んで解釈することで、発展途上国と先進国の異なった扱いを正当化させることができる。

(2)義務免除（ウェーバー）の適用

　マラケシュ協定上の義務免除（ウェーバー）を活用することも考えられる。同協定第9条3項は、閣僚会議は、例外的な場合、4分の3以上の議決でもって、ウェーバーを決定できるとしている。これを活用して環境関連措置に関して一定のウェーバーを成立させることができる。

　ただし、ウェーバーが適用できるのは例外的な場合に限られ、マラケシュ協定第9条5項では、「その決定（ウェーバー）を正当化する例外的な事情、免除の適用に関する条件及び免除が終了する日を示す」とされているため、恒久的な正当化はなしえない点に留意する必要がある。

　ただ、ウェーバーが適用されれば相当な期間除外を確保できることは事実であり、本格的な対応を検討するための時間を確保する手段としての役割は期待できる。

　もうひとつの問題として、ウェーバーはある加盟国の特殊事情に応じて取るのが建前であるが、気候変動問題は地球規模の課題でありWTO加盟国の多くが同じ問題を抱えている。この点についても、その位置づけについて検討する必要がある。

2　WTO協定の見直し

⑴実体規定の改正

　既にⅢ3⑶②で述べた通り、CBAM措置の譲許税率違反（GATT第2条1項）は、最終製品に残存しない中間投入物（GHG）が同条2項(a)号にいう国境調整の対象から除外されていることに起因している。そこで、GHGが同条2項(a)号にいう国境調整可能な対象として認めるように、（bis）を設けて改正を行うことが考えられる。

　また、WTO協定には環境関連措置との整合性を確保する明示的な規定を欠いていることから、一般例外を規定するGATT第20条各号のひとつとして、環境保護を目的とする号を追加することも考えられる。

⑵取り込み

①CBDR原則の取り込み

　上記Ⅲ1⑵で述べたCBDR原則の、例えばUNFCCCやパリ協定が関連規則とはみなさないと考える場合、あるいは「同様な条件」をカーボンリーケージに紐づけるべきではないと考える場合などには、WTOルールの改正を行う必要がある。

　その場合、CBDR原則との抵触が問題となるGATT第1条と第20条柱書に書き込むことが考えられる。ただし、一般的・抽象的で広範な射程を有する規定を導入するとWTOルール全体に与える影響が大きいため、例えば、調整が必要となるCBDR原則やMEAを特定するなど、できるだけ射程を限定することが重要である。

②例外的位置づけの見直し

　近時のFTAの動向を踏まえれば、先進国を中心とするWTO加盟国は気候変動対策を積極的に貿易ルールに組み込む方向性が明らかである。貿易ルールと気候変動対策の双方を単一の協定に入れこむということは、これら諸国が貿易と気候変動対策を対立する概念ではなく、むしろ調和的に理解していることの証左であろう。

　こうした考えを敷衍すると、環境をWTOの例外分野と位置づけ、問題や課題が発生する毎に現行規定の解釈の精緻化などで乗り切る手法は、既に限界を迎えつつあるといえる。国際社会の潮流が変わり、今後共気候変動対応策の拡大、強化が見込まれる状況を踏まえると、環境問題は例外分野として処理するレベルを超えるとの認識が高まっている。

　これまで自由貿易を旗印としてきた国際通商体制は、「非経済的分野」という一種のパラダイムシフトを求める分野が無視できない存在として大きくなりつつある。効率化を最優先してきたグローバリゼーション見直しの流れの中で、市場機能を基本とする国際通商体制自体が持たなくなってくるとの危機意識を持つべき段階に差し掛かっている。

　WTO協定に以上の問題意識を反映させるとすれば、マラケシュ協定前文にある持続可能な開発への言及をより踏み込んだ形にして、「自由貿易と環境保護との調和がWTOの基本方針であり、貿易拡大、経済成長は環境保全の前提の上でなされなければならない」と明確にすることが重要である。

　これを具体化する手立てとして、一般理事会がWTO協定全般の解釈において、恣意的、差別的、又は、偽装された貿易制限の場合を除き、パリ協定など環境関係国際協定と調和する解釈をとるべき、と宣言することが考えられる。これは加盟国の意思を明示する態度表明であり、解釈は加盟国の意思の探求であるから、後の紛争解決における規定の解釈にも一定の影響力を持つと考えられる。

　また、実体ルールにおいて環境関連措置を明確にGATT違反としない規律の導入は、この考えに基づくひとつの方向性である。Ⅲ3⑶②で示した、国境調整対象としてのGHGの明示もその一例といえるであろう。

　最後に、環境関連の補助金をWTOルールの中で明確に許容することが考えられる。既に失効しているものの、WTO補助金協定では補助金相殺関税の対象とならない、いわゆるグリーン補助金が定められ、そのひとつが環境関連補助金であった（第8条参照）。この、WTOにおける環境関連補助金が相殺関税の対象とならない条項を復活させる必要がある。

　この点はWTOにおけるグリーン補助金が失効した後の近時のFTAでも規定されている。日EUEPAの補助金章は、GATT第20条を必要な変更を施して同章の規定に適用すると定め（日EUEPA第12.9条）、環境関連補助金をこの規定によって規律から除外する余地を残している。

③進め方

(i)フォーラムの活用

　勿論、WTO協定改正のハードルは決して低いものではない。寧ろ、WTOのような巨大化した組織が164カ国の全会一致でフラットにグローバルな枠組みをいきなり構築できる時代ではないことは明らかである。この点、WTOでも有志国によるルール形成の動きがあり、2023年1月、EUやニュージーランドが主導し、日本や米国等27カ国が参加して「気候に関する貿易大臣コアリション会合」が設立されている。[2]その設立共同声明の前文においても、「貿易、気候変動及び持続可能な開発の結びつきを認識し、国際貿易は温室効果ガス排出量の削減に積極的に貢献」するとの認識が示されている。有志国会合やCTE等の既存の会議体の動向にも着目していく必要がある。

　一方で、現在、有志国間のフォーラムなどが官民で立ち上がり、将来の通商ルール形成を見据えた議論が行われつつある。例えば米国が主導する繁栄のためのインド太平洋経済枠組み（IPEF）は4つの柱を掲げ、

そのひとつである貿易においては、下記の通り気候変動対策やMEAの義務の実施を含む内容が閣僚声明において採択されている。

IPEF閣僚声明における環境への言及（下線を追記）[3]

> 環境：次のことを通じ、環境保護及び気候変動を含む持続可能性に関する我々の共通課題への対処に有意義な貢献をする。各国それぞれの環境に関する法律の効果的な執行及び環境保護の強化、海洋環境の保護、生物多様性の保全、野生生物の不正取引及び違法伐採並びに関連する取引への対処、関連するクリーンテクノロジー並びに環境物品及びサービスに関連する貿易及び投資の促進、並びに再生可能エネルギー及びエネルギー効率並びにゼロ炭素及び低炭素の調達の強化を含む、既存のコミットメントに立脚する気候変動の解決策、グリーン投資及びファイナンス、循環経済に関する取組、環境上持続可能なデジタル経済の推進、責任ある企業行動、環境に関する多数国間協定に基づく各国それぞれの義務の実施、並びに環境協力の強化。

　WTOの今後のあり方を検討するに際しては、政府間での通商ルールや原則の在り方の共有や収斂を促す存在として、こうしたフォーラムの果たす役割にも留意すべきである。

〈補論〉新たな国際ルール形成の動き—インド太平洋経済枠組み (IPEF)—[4]

　WTO協定等の既存のルールが十分な規律を提供し得ないことが認識されつつある中で、上述のとおり有志国間のフォーラムの活用が求められている現在において、特にインド太平洋経済枠組み（IPEF）はこれまでの国際通商ルールの形成とは異なる新たな特質を持つルール形成の動きとして注目されている。ここではIPEFの動向及び特質と今後の課題について整理する。

⑴インド太平洋経済枠組み（IPEF）

　2017年にトランプ政権がTPPからの離脱を表明して以来、米国のインド太平洋地域に関する経済的関与戦略は不明瞭なままであったが、その間隙を縫うかたちで中国が、RCEPの発効や、DEPAおよびCPTPPへの加入申請等を通じて、同地域に対する関与を深めようとしてきたことは周知のとおりである。こうした動向を背景に、バイデン政権の主導により2022年5月に立ち上げられたのが、「繁栄のためのインド太平洋経済枠組み（Indo-Pacific Economic Framework for Prosperity: IPEF）」である。

　IPEFは当初、米国を含む13カ国（オーストラリア、ブルネイ、インド、インドネシア、日本、韓国、マレーシア、ニュージーランド、フィリピン、シンガポール、タイ、ベトナム）で立ち上げられ、その後フィジーが加わり、現在は14カ国が参加する枠組みとなっている。そのほかにもカナダが参加を検討中であるとされる。

　IPEFは、2022年9月開催の閣僚会合にて正式に交渉開始が宣言され、一部の成果を除きいまだ不明瞭な部分も少なくないが、その制度設計の大枠は、種々の点で従来型の通商条約とは異なる特徴を持っている。たとえば、IPEFの扱うテーマは4つの柱（pillar）で構成され、第1の柱が「貿易」、第2の柱が「サプライチェーン」、第3の柱が「クリーンな経済（環境）」、第4の柱が「公正な経済」とされているなど、既存の通商条約では扱われることのない今日的な課題に対応すべく、広範なテーマ設定となっている。他方でIPEF参加国は、これら4つの柱のすべてに参加する義務はなく、いずれに参加するかを自由に決定できるとされている。こうした参加の柔軟性・開放性（裏を返せば、参加国間におけるルールの一体性についての妥協）は、米国とのあいだでルール水準の高いFTAを締結するに至っていないインドやインドネシア、タイなどの新興国をIPEFの枠内に引き込むうえでは有用であり、その意味で

図表5　IPEFの4つの柱

	交 渉 事 項
第1の柱 「貿易」	労働、環境、デジタル経済、農業、透明性・良き規制慣行、競争政策、貿易円滑化、包摂性、技術支援・経済協力
第2の柱 「サプライチェーン」	重要分野と物品の基準策定、重要分野と物品の強靭性・投資の増加、情報共有・危機対応の制度構築、物流管理の強化、労働者の役割強化、透明性の向上
第3の柱 「クリーン経済」	エネルギー安全保障・エネルギー移行、優先部門の温室効果ガス排出削減、持続可能な土地・水・海洋、温室効果ガス除去のための技術、クリーン経済への移行を可能にするインセンティヴ
第4の柱 「公正な経済」	腐敗防止、税制、能力構築・技術革新、協力・包摂的連携・透明性

IPEFの大きな特徴である[9]。また、4つの柱のいずれにも市場アクセスの改善が含まれていないことも、従来型の通商条約とは異なる点である。なお、交渉成果としての合意文書の形式については、現在のところ行政協定が想定されているようであり[10]、そうであれば国際法上の条約として法的拘束力を持つことになるが、最終的にどうなるのかは、4つの柱ごとに個別に見る必要がある。

　2022年9月の第1回対面閣僚会合（ロサンゼルス）では、上記4つの柱につき交渉開始に合意できるか、各柱の交渉対象事項に何が含まれるか、各柱の交渉にどの国が参加するかが注目されたが、結果的には4つの柱すべてにつき交渉開始が合意された。また、「サプライチェーン」、「クリーン経済」、「公正な経済」の3つの柱については全14カ国の交渉参加が合意されたが[11]、「貿易」の柱に関してのみインドが交渉参加を見送り、13カ国での交渉開始となった[12]。上述した参加の柔軟性・開放性の観点からすると、こうした事態は想定内とも考えられるが、いずれにせよ4つの柱すべてにつき交渉が開始されたことにより、今後の焦点は合意内容とその水準に移ったと言える。

　その後も継続的に交渉が行われる中、2023年5月の第2回対面閣僚会合（デトロイト）にて最初の具体的成果として公表されたのが、IPEF

サプライチェーン協定の実質合意である[13]。当該合意では、サプライチェーンにおける課題につきIPEF参加国間の協力を促進すべく、3つの組織設立を掲げている。すなわち、①IPEFサプライチェーン協議会（サプライチェーン強靭化のための分野別アクションプラン策定）、②IPEFサプライチェーン危機対応ネットワーク（サプライチェーン途絶時の情報共有・協力促進）、③IPEF労働権諮問委員会（サプライチェーンにおける労働者の権利促進）、である。本合意については、サプライチェーンシフトを促すための具体的手段が含まれていないとして、合意の実効性を疑問視する声も挙がっているものの[14]、第2の柱に関する成果物として、最終文書に向けた文言の具体化が注目されるところである。

(2)IPEF構想の特質

　Janet Yellen米国財務長官は、昨今の世界情勢の変化によって、経済効率性はもはや国際的な経済協力を下支えする理由ではなくなっており、ブレトンウッズ体制が主導した新自由主義秩序についても再考が求められているとし、その代替案として「自由だが安全な（free but secure）貿易」の必要性を提唱している[15]。また、IPEFに参加する韓国の安徳根貿易大臣も、諸国が今求めているのは自由化というよりも、既存の通商条約では対処し得ない今日的課題を扱うための新たなパラダイムであるとして、IPEF構想を新しい秩序のモデルと評している[16]。このように、経済合理性に立脚した自由な経済活動が、ときとして国家の脆弱性の温床にもなりえ、それゆえに国家が市場に介入し経済活動の在り方を一定程度規制する必要があるとする、従来とは異なる規範意識が投影されたものがIPEF構想と言える。

　こうした観点からルールの形態や内容の特徴に着目すると、まずWTOやFTAといった従来の通商条約は、市場アクセスを含む広範な事項につき国家間の権利義務関係を詳細に規定するとともに、そうした実体ルールに即して設計された履行確保制度（紛争処理制度）を備える点にその

特徴がある。他方でIPEFは、その構想からすると従来の通商条約とは種々の点で異なる特徴を持つことになるのではないかと推測される。

　この点で注目されるのは、IPEFにおいては、自由化のための市場アクセスが交渉課題から欠落している一方、サプライチェーンの強靱化や規制の調和といった、国家間の不断の対話・政策調整を要する課題が中心となっている点である。その帰結として、静態的な実体的権利義務関係を設定するよりも、対話・協力・政策調整のための手続・仕組みの構築に重きが置かれることになるのではないかと考えられる[17]。現に、実質合意したIPEFサプライチェーン協定もこうした基調に沿う内容となっている。

　履行確保制度に関しても、IPEFは従来の通商条約とは異なる可能性がある。複数の参加国によると、通商条約の典型である争訟型の紛争処理制度ではなく、インセンティヴ・ベースの新たな遵守確保メカニズムを設けることが現在模索されているという[18]。これはたとえば、ルールの不遵守国をIPEF内のサプライチェーンから除外するといったサンクションを用意し、かかるサンクションの可能性をインセンティヴとして活用することで各参加国に遵守を促すようなものが想定されているとされる[19]。こうしたユニークなメカニズムの詳細や、どの柱に採用されるのかといった点は今後具体化してゆくと思われるが、いずれにせよ、実体ルールの変化に即して従来とは異なる履行確保制度が模索されている点が注目される。

　なお、IPEF構想に関しては、上述した諸要素につき、いくつかの疑問が呈されている。第1に、市場アクセスの不存在に対する批判である。この点につき、たとえばKatherine Tai米国通商代表は、IPEFにおける市場アクセスの不存在が「欠陥」ではなく「特質」であるとし、国際通商における強靱性・持続可能性・包摂性といった目的を達成するためには伝統的な市場アクセスではなく新たな手法が必要になっているとし

て、IPEFのアプローチを擁護してきた[20]。しかしこうしたアプローチに対しては、市場アクセスの不存在が、とくにASEAN諸国からみるとIPEFの魅力を低減するものであり、結果的にサプライチェーンシフトを十分引き起こせないとする批判もある[21]。この点、市場アクセスを扱わないとするIPEFの制度設計は、上述した意識変化にその根拠を見いだせる一方、2021年以来の米国大統領貿易促進権限（TPA）の失効や労働者層の根強い通商条約批判という、米国国内政治の現実から強いられた選択という側面もあるため[22]、方針転換には高いハードルがあることも事実である。

　第2の疑問は、履行確保制度の在り方に関するものである。たとえばSimon Lesterは、国内措置の規律が中心となるIPEFにあっては、具体的事案のルール整合性を判断することが容易でないところ、各国の主観的評価に委ねられるインセンティヴ・ベースの遵守確保メカニズムでは、想定されるような機能が必ずしも発揮されるとは限らず、義務の遵守確保もそれほど徹底されないのではないか、という疑問を提示している[23]。また、米国の産業界からは、実効的な紛争処理制度の有無がIPEFの成否を左右するとして、WTOやUSMCAのように客観的な判断を行う争訟型の紛争処理制度の設置が提言されている[24]。

(3)今後の課題

　最後にIPEF構想の課題を指摘する。第1に、IPEFとWTOの法的関係性は現時点では不明であるところ、今後構想を具体化してゆく過程では、両者の法的整合性を確保しうる制度設計が必要となる。

　第2に、IPEFにおいては、「自由だが安全な貿易」を実現するために、一定の価値（自由・人権・民主主義・法の支配など）を共有しうる国家間において優先的に経済関係を深化させることが前提となっており、かかるアプローチは、IPEFのサブテクストが上記の諸価値を脅かす権威主義国への対抗であることに鑑みると、一定の合理性はある。しかしな

がら、この点を強調しすぎると却って参加可能な同志国の範囲を狭小化してしまい、サプライチェーンシフト等の目的達成を阻害しかねない（とくにASEAN諸国との関係において）。安全性・信頼性を担保するための手段として、他にどのような方策がありうるかが検討されるべきであろう。

　第3に、IPEFにおける市場アクセスの欠如をふまえ、米国は官民連携を通じた様々な利益の供与によって、ASEAN諸国のような関係国をサプライチェーンに誘引し、その強化を図ろうとしている。我が国もIPEFに参加する選択をした以上、関係国に対していかなるインセンティブの提供が可能であるかを検討する必要がある。

　いずれにせよ、国家の規模や置かれた状況（国内市場の規模、産業競争力、技術開発力、研究力など）はそれぞれ異なるのであって、我が国が自由貿易・自由競争に依存すべき度合いも、米国やEUのそれとは当然異なる。こうしたことを念頭に、我が国にとって最善となるかたちで新しいタイプの国際ルール形成に関与してゆくことが求められる。

(ii)FTAの断片化防止に向けた国際連携
〈WTO主導によるFTAネットワークの形成〉

　FTAには常設の事務局を持たないものも多いため、WTOが問題の解決に主導的役割を果たすべきである。WTOが主催して、FTAネットワーク（FTAの代表者からなるフォーラム）を組織し、継続してFTA間の意思疎通・調整を図っていくことが考えられる。ここで統一した原則を合意できれば良いが、少なくとも議論が後のストックテイクとして活用されることが期待できる。あるいは、FTAネットワークの組織化が困難な場合、WTOやIPCCなどが共同で通商ルールの内容についてモデル法、又は、ガイドラインを策定して、各FTA事務局（事務局が常設されていない場合には、もっとも影響力のある締約国）に提示し、それを採択又は参考とすることを慫慂することが考えられる。

〈関連する国際機関との連携〉

　MEAに条約機関が設置されている場合、FTAの紛争解決において当該機関への問い合わせ・連携等を行うことが考えられる。例えば、CPTPPはCITESについて明示的に助言を得られることを規定する（20.23条）。また、日EUEPAは政府間協議において、特別の要請により関連する国際機関に助言を求めることができる、と規定している（16.17条）。

【注】
1　World Trade Organization, "Trade and Climate Change Information Brief Note No.2, Climate change in regional trade agreements", p.6.
2　「気候に関する貿易大臣連合　共同声明（仮訳）」（https://www.meti.go.jp/press/2022/01/20230120005/20230120005-1.pdf）
3　「繁栄のためのインド太平洋経済枠組み　貿易の柱　閣僚声明」（https://www.meti.go.jp/press/2022/09/20220913006/20220913006-13.pdf）
4　本稿は、平見健太「『経済の安全保障化』は国際通商秩序をいかに変容させるか」森聡編『国際秩序が揺らぐとき―歴史・理論・国際法からみる変容―』（千倉書房、2023年）のIPEFに関する記述を基礎に、大幅に加筆修正を施したものである。
5　外務省「インド太平洋経済枠組み（IPEF）の立ち上げに関する首脳級会合」2022年5月23日。
6　White House, "Statement by National Security Advisor Jake Sullivan on Fiji Joining the Indo-Pacific Economic Framework for Prosperity", May 26, 2022.
7　"Canada Will Vie to Join IPEF", *Inside U.S. Trade*, October 27, 2022.
8　E.g., Congressional Research Service, "Biden Administration Plans for an Indo-Pacific Economic Framework", *CRS Insight*, February 25, 2022, p.1.
9　こうした参加の柔軟性・開放性の背景には、より多くのASEAN諸国の参加を確保するために日本政府が米国政府に助言を行ったとする報道がある。"Joe Biden Waters Down Indo-Pacific Economic Framework to Win More Support", *Financial Times*, May 20, 2022.
10　"Bianchi: IPEF Countries Supportive of Executive Agreement Format", *Inside U.S. Trade*, September 9, 2022.

11 "Ministerial Statement for Pillar II of the Indo-Pacific Economic Framework for Prosperity", September 9, 2022, p.1; "Ministerial Statement for Pillar III of the Indo-Pacific Economic Framework for Prosperity", September 9, 2022, p.1; "Ministerial Statement for Pillar IV of the Indo-Pacific Economic Framework for Prosperity", September 9, 2022, p.1.

12 "Ministerial Text for Pillar I of the Indo-Pacific Economic Framework for Prosperity", September 9, 2022, p. 1.

13 "Press Statement on the Substantial Conclusion of IPEF Supply Chain Agreement Negotiations", May 31, 2023.

14 Aidan Arasasingham, Emily Benson, Matthew P. Goodman & William Alan Reinsch, "Assessing IPEF's New Supply Chains Agreement", May 31, 2023, https://www.csis.org/analysis/assessing-ipefs-new-supply-chains-agreement, last visited on August 25, 2023.

15 U.S. Department of the Treasury, "Remarks by Secretary of the Treasury Janet L. Yellen on Way Forward for the Global Economy", April 13, 2022.

16 "Korean Minister: IPEF Represents the New Trade Paradigm", *Inside U.S. Trade*, September 14, 2022.

17 *See*, Stephan Olson, "Forget about Free Trade Agreements", Hinrich Foundation, 23 August 2022.

18 "IPEF Members Eye Incentive-based, Self-enforcing Commitments", *Inside U.S. Trade*, September 13, 2022.

19 *Ibid*.

20 "Tai: IPEF's Lack of Market-access Focus a 'Feature, not a Bug'", *Inside U.S. Trade*, October 11, 2022.

21 E.g., Clete Willems & Niels Graham, "TTC, IPEF, and the Road to an Indo-Pacific Trade Deal: A New Model", Atlantic Council Geoeconomics Center, September 27, 2022, pp.18-19; Alliance for Trade Enforcement, "Modelling Enforcement Mechanisms for the Indo-Pacific Economic Framework", October 14, 2022, pp.2-3.

22 Willems & Graham, supra note 18, p.7.

23 Simon Lester, "Enforcing the IPEF: Unilateralism and Incentives vs. Adjudication", *International Economic Law and Policy Blog*, September 19, 2022.

24 Alliance for Trade Enforcement, *supra* note 18, pp.3-8.

第3章

人権分野

第3章　人権分野

Ⅰ　検討の視点

　今後の国際経済社会の持続的発展を図る観点から、国際通商ルールは自由貿易による経済的効率性の追求と、非経済的要素とされる環境や人権など普遍的価値への対応との共存を求められている。

　もとより人権問題には多様な分野が含まれるが、通商の観点からは、主として労働分野、特に強制労働の問題が取り上げられてきた。歴史的には資本主義発展の初期段階に奴隷法や児童労働禁止法が一部の国で導入され、その後、各国で憲法上の保護が図られると共に、国際労働機関（ILO）条約の締結などの形で国際的な枠組みが構築されてきた。[1]

　人権保護を目的とした貿易制限的措置も、国連安保理決議に基づき南アフリカ（1977年）、ソマリア（1992年）など対する経済制裁、反政府勢力の資金源とされたダイヤモンド原石（紛争ダイヤモンド問題）の取引規制（キンバリープロセス）（2003年）の形で[2]、事案毎に、基本的には国の責任として実施されてきた。

　今世紀に入り、企業活動のグローバル化の加速、活動拠点の世界各地への展開により、途上国での鉱山や農園での劣悪な労働環境や人権問題が顕在化し、人権保護の責任や義務が企業にも求められることとなった。この動きを定式化したのが国連の「ビジネスと人権に関する指導原則」（2011年）である。指導原則の採択以降、人権は、"SDGsの実現と人権の保護・促進は相互に補強し合い、表裏一体の関係にある"（日本政府"ビジネスと人権に関する行動計画"）とされ、環境問題と共に国際社会の重要な政策課題と位置付けられるに至っている。

　そうした流れを受け、欧米諸国は企業のサプライチェーン上の人権侵害に対処するための法的措置の導入を進め、人権デューディリジェンスの義務化に止まらず、新たに輸出入規制の導入や関与した個人・法人の資産凍結などの制裁措置を発動してきている。

　具体的な事例として、輸入規制は米国の関税法307条（2016年発動条件緩和）、ウイグル強制労働防止法（2020年）、EUでも欧州委員会では強制労働産品の輸入禁止法案を公表・検討している。輸出規制は、米国のほか、EUの"サイバー監視技術を用いた人権侵害に対処するための規則改正"など、既存の枠組みの運用強化や制度改正が進められており、我が国でも人権侵害を理由とする輸出管理の検討を今後進めていく方向性が示されている（2021年）。

　更に米国ではグローバル・マグニツキー法（2016年）に基づき、ウイグルでの深刻な人権侵害への関与を理由に個人・法人への制裁措置や、大統領による国家緊急事態宣言に基づくミャンマー国軍関係者、企業への制裁措置（2021年）を発動している。なお、グローバル・マグニツキー法に相当する法令はEU、英国、カナダ、オーストラリアでも整備されている。

　また、近時締結されているCPTPP、USMCA、日EUEPAなどのFTAに於いては、中核的労働基準の順守などの締約国の規律と共に、第三国に対する協力的対抗規定（CPTPP）、強制労働産品の輸入禁止（USMCA）など、労働分野での通商上の措置を取り入れた事例が増加している。

　上記のとおり、先進諸国を中心に、人権保護を目的とした通商上の規制措置の導入は国際的な潮流となっているものと見られる。その背景として世界的な人権保護に対する意識の高まりが基本にあることは言うまでもない。ただ、強制労働などで製造された安価な製品に対する公正な競争条件（レベルプレーイングフィールド）確保の問題も無視できない要素として指摘されている。

　労働コストの差を規制措置で埋めるような考え方は保護主義的な動きが背景にあることが多く、「これは偽装された保護主義ではないか」、「経済力を梃子にした内政干渉ではないか」、更には「人権保護を隠れ蓑

としつつ、真の目的は貿易制限によって相手国に経済的打撃を与えることではないか」、といった懸念が指摘されている。

こうした懸念を払拭するためには、これら措置の国際通商ルール上の整合性、正当性の検証が重要である。しかし、現行のWTO協定には労働基準を含む人権保護についての明示的な規定はなく、基本的には第20条例外規定の解釈に拠らざるを得ない。しかし人権侵害を巡っての先例は乏しく、どのような解釈で例外規定を援用できるかは必ずしも明らかではない。加えて人権分野においては、環境におけるパリ協定のような包括的な国際的規範やフレームワークもない。

今後、更なる規制措置導入の加速化が見込まれる中、このままの状態を放置すれば、人権保護を名目とした貿易制限措置が濫用されるリスクは高く、これが通商紛争に発展し、国際通商体制に大きな混乱を招くことが想定される。

このため、本研究会では人権保護を理由とした貿易制限措置の現状について労働分野を中心に整理し、現行WTOの例外規定の解釈上、どのような措置がどのような条件下で許容されるのか、仮に解釈上の限界があるとすれば、どのような対応が図られるべきかなどについて、先進的なFTAなどの取り組みも念頭に置きつつ、その方向性を示すこととした。[3]

なお、人権や環境の保護は、世界全体の共通利益として国境を越えて国際社会が協力して取り組まない限りは有効な成果が得られにくい問題である。また共にWTO協定上の明文規定がなく、第20条例外規定の解釈に依存せざるを得ない状況にある。従って、人権を巡る国際通商ルールの在り方については、環境分野との共通点や相違点に留意しつつ、検討を行った。

Ⅱ　人権分野の通商制限措置とWTOルール

1　平時の人権侵害物品の貿易制限措置

⑴措置の概要
①輸入制限措置
⑴米国

　米国は下記掲載した関税法307条に基づき、その全部または一部が強制労働によって製造されたことを理由として製品の輸入差止を行う権限を財務省に付与している。

1930年関税法307条

　All goods, wares, articles, and merchandise mined, produced, or manufactured wholly or in part in any foreign country by convict labor or/and forced labor or/and indentured labor under penal sanctions shall not be entitled to entry at any of the ports of the United States, and the importation thereof is hereby prohibited, and the Secretary of the Treasury is authorized and directed to prescribe such regulations as may be necessary for the enforcement of this provision.

　307条に関する実務は、税関（米国国土安全保障省 税関・国境取締局（CBP））が担っている。この流れは、まず自主調査又は第三者からの情報提供から強制労働によって製造された疑いのある製品がある場合、税関による検査が実施され、これが検査で確認された場合にはCBPが強制労働に依拠すると決定した製品に違反商品保留命令（WRO）を発動することで、輸入を差し止めることが可能である。差し止め措置を受け

た輸入者は措置後3カ月以内に該当製品を米国外に輸出するか、税関に
反論（再検討の申請）を行う。反論が棄却・却下された場合は、該当製
品は差し押さえられ、財産没収の対象になる。

図表1　米国1930年関税法307条における輸入差止の流れ

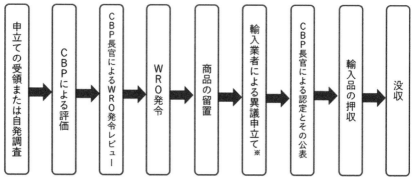

※輸入業者は別の国に輸出することも可能
CBP（2019）、CRS（2021）を基に作成
CRS(2021)：Congressional Research Service, "Section 307 and U.S. Imports of Products of Forced Labor: Overview and Issues for Congress",R46631(2021)
CBP(2019)：U.S. Customs and Border Protection, "Forced Labor" (2019)

　米国の関税法には元々制定された1930年時点で強制労働関連品の輸
入制限が規定されていたが、制定当時は当該品の国内生産水準が国内需
要を満たしていない場合は輸入を例外的に認めることとされていた。し
かし、国際的な労働問題への関心の高まりを踏まえ、2016年には当該
例外措置を廃止、規制を強化する流れとなった。

　更に2019年以降の米中対立激化の中で、当時の米トランプ政権は、
307条を中国、特にウイグルにおける強制労働、弾圧と結びつけ貿易制
限を強化した。上記WROを中国に対してより効果的に利用するために
立法されたのがウイグル強制労働防止法（Uyghur Forced Labor
Prevention Act）であり、2021年2月に下院を通過し、同年6月に米議
会上院において全会一致で可決、成立した。

　同法は、新疆ウイグル自治区で全部又は一部が製造された全ての産品、

あるいは、「貧困緩和」プログラムあるいは「ペアリング支援」プログラムの下で製造した産品を1930年関税法307条が対象とする産品とみなす（Sec. 4(a)）としている。ただし、強制労働等ではないことが明確で、説得力ある証拠がある場合は除いている（Sec. 4(b)）。

　上記みなし規定によって、ウイグル産品であることのみを理由としたWROの発出が可能となり、より効果的にウイグル産品のWRO発出が可能となっている。

　他方、米国に中国製品を一部含む製品を輸出する民間企業の立場からは、WROの対象が、強制労働によって「全部または一部が採掘、製造又は組み立てられた」輸入品を対象としている点が問題となる。輸入者にとっては、自らの製品が強制労働によって作られたものであるか否かを、部品等の中間生成物や途中の製造工程を含めてサプライチェーンを遡り、納入業者（サプライヤ）を含めて点検を行う必要がある。これは、極めて細分化された分業状態にあるサプライチェーンのどの範囲までの点検を求められるかなどについての具体的な情報や指針などがなければ、全て自身のリスクの下で自主判断を迫られることになる。

(ii)豪州

　米国と類似の制度が豪州で関税法改正法案の第50条Aとして立法中である。50条Aは中国の新疆ウイグル自治区又はその他中国国内で強制労働（これは豪州刑法上の定義を参照している）によって製造された製品の輸入を絶対的に禁止するとしている。

(iii)欧州

　欧州ではサプライチェーンにおける人権侵害への懸念が世論にあり、英国における現代奴隷法（2017年）、ドイツにおけるデューディリジェンス法（2021年）といった、EU加盟国における人権デューディリジェンス（DD）義務づけの動きがあった。こうした加盟国単位でのDD義務づけの動きはEU全体に広がり、欧州委員会は、2022年2月に強制労

働を含む人権侵害を予防・是正する義務を課す「企業持続可能性デュー
ディリジェンス指令案」を公表した[4]。ただし、輸出入規制はEUの権限
であるため、これを含む制度は加盟国単位では制定されてこなかった。

2022年9月、欧州委員会は、強制労働により生産された製品のEU域
内での流通を禁止する規則案を公表した[5]。この背景として、同年6月の
欧州議会が「中国の新疆ウイグル自治区における人権侵害に強い懸念を
示し、強制労働によって作られた製品の輸入を禁じる法令の制定を求め
ていた」との報道もある[6]。本規則案の禁止の対象行為には外国産の対象
産品をEU市場に輸入することに止まらず、EU市場から他国に輸出す
ることも含まれ、企業規模を問わずすべての製品が対象になる。

また、対象は、採掘、収穫、生産、製造などサプライチェーンのすべ
ての段階であり、このうち部分的に強制労働が用いられた製品も対象と
なっている。したがって、強制労働で採掘された原料から製造された製
品や、部品の一部が強制労働で製造されたものも対象とされる。

米国のように特定の国や地域を対象とした措置ではなく、リスクベー
スアプローチが採用される。ここでは、外部専門家により強制労働リス
クに関するデータベースが作成され、リスク評価に活用されることとさ
れている。また、欧州委員会も、強制労働に関するデューディリジェン
スについての指針や、国際機関などの報告書などに基づく強制労働のリ
スク指標を含む、新たなガイダンスを策定することとされている。

②輸出制限措置

(i)米国輸出管理規則（EAR）

米国商務省産業安全保障局（BIS）が輸出管理規則（EAR）に基づき、
デュアルユース品目や特定技術等の輸出や第三国からの再輸出について
許可制を敷いている。これは、①その性状に基づいて品目名をリスト
（CCL）に掲載し、犯罪防止などの規制理由と仕向け国に応じて輸出審
査を義務付ける枠組みと、②国家安全保障または外交政策上の利益に違

反する活動に従事していると看做（みな）される者などを“エンティティリスト”に掲載し輸出等の制限措置を講じる枠組みがあり、世界各地での人権侵害に対する規制措置が発動されている。

近年は、輸出審査における人権侵害に対する考慮要素を拡大する基準改定（2020年10月）や、ミャンマー制裁やウイグル自治区の問題への対応の一環として輸出管理措置の強化や関係企業や政府機関などのエンティティリストへの追加措置が行われている。

(ii)欧州デュアルユース規則

もともと欧州委員会では。2009年施行の規則（Regulation（EC）No 428/2009 of 5 May 2009）において、Annex1に輸出許可対象となる品目全てをリスト化し、これに掲載されない品目についても仕向け先によってはキャッチオール規制を敷いていた。2021年、2009年規則に関する種々の改正を取り込むとともに、新たな規制を盛り込んだ規制（Regulation（EU）2021/821）が成立した。

2021年規則は、輸出規制物品にサイバー監視技術を対象に追加することを含め、デュアルユース規則に人権保護への一層の考慮を求める改定を行っている。この動きは、2011年、人権弾圧が問題視されていたシリアのアサド政権に対して、イタリア企業が監視システムを受注・納入中であることがきっかけとなっている[7]。

この規則と、企業に課している人権デューディリジェンスによるサプライチェーン上の調査と組合せ、人権侵害防止策としての輸出管理措置を講じているといえる。

(2)現行ルールとの整合性

上記米国関税法等の、強制労働によって製造された製品に対する禁輸は、WTOルール、特に物品貿易ルールを定めるGATTと2つの点で抵触する。

①GATT第1条 最恵国待遇義務、無差別原則

第1条 一般的最恵国待遇

　いずれかの種類の関税及び課徴金で、輸入若しくは輸出について若しくはそれらに関連して課され、又は輸入若しくは輸出のための支払手段の国際的移転について課せられるものに関し、それらの関税及び課徴金の徴収の方法に関し、輸入及び輸出に関連するすべての規則及び手続に関し、並びに第3条2及び4に掲げるすべての事項に関しては、いずれかの締約国が他国の原産の産品又は他国に仕向けられる産品に対して許与する利益、特典、特権又は免除は、他のすべての締約国の領域の原産の同種の産品又はそれらの領域に仕向けられる同種の産品に対して、即時かつ無条件に許与しなければならない。

　第1条では輸入品間の差別が問題となり、米国措置は強制労働から製造された製品とそうでない製品のうち、前者のみを禁輸する。両者が同条にいう「同種の産品」であれば、一方は輸入ができ、他方は輸入ができない状況になるため、一方だけが優遇されていることになる。つまり即時かつ無条件に両者に同条件を許与していないことは明らかであり、問題となるのは2つの製品が同条にいう「同種の産品」であるか否かということになる。

　物品が「同種の産品」であるか否かについては、旧GATT及びWTOの紛争解決における先例（GATT第3条4項における同要件の判断を含む）の蓄積を通じて、㋐産品の物理的特性・性質、㋑用途、㋒消費者の嗜好、及び㋓関税分類の4要素によって判断するという解釈が定着している。製造過程における強制労働はこのいずれにも影響を与えないと考えられるため、同種の産品間の差別とされ、最恵国待遇義務に違

反するといえる。[8]

②数量制限の一般的禁止原則

GATT第11条1項は、「締約国は、他の締約国の領域の産品の輸入について、又は他の締約国の領域に仕向けられる産品の輸出若しくは輸出のための販売について、割当によると、輸入又は輸出の許可によると、その他の措置によると、を問わず、関税その他の課徴金以外のいかなる禁止又は制限も新設し、又は維持してはならない」と規定しているが、本件措置は輸入差し止めによる禁輸を行っているため、ここにいう「関税その他の課徴金以外のいかなる禁止又は制限」を導入していることとなり、同項に違反する。

⑶例外規定の適用可能性

上記の各国・地域の措置に関し、その中でもインパクトが大きく、代表的な事例として米国による輸入差し止め措置を念頭に、WTOの例外規定の援用可能性について検証を行った。

①GATT第20条⒜ 公徳の保護のために必要な措置

⒤過去の先例からの解釈

〈公徳の範囲〉

米国措置は「公徳」の保護に必要な措置として正当化できる可能性がある。ここにいう「公徳」は、支配的な社会的、文化的、倫理的及び宗教的価値を含む幅広い要素を含む概念であり、先例を踏まえれば、加盟国はその定義及び適用に関しある程度裁量を有することとされる（米国—越境賭博事件パネル報告書）。したがって、強制労働によって生産された製品の市場流通によって公徳が損なわれる、という論理は取り得ることとなる。

〈域外適用問題〉

次に問題となるのが、誰の「公徳」が侵害されるのかという点である。「公徳」を新疆ウイグル自治区で強制労働に従事している中国国民の人権侵害と理解した場合、米国が中国という他国内における公徳の保護を実

現するため措置を導入していることとなるから、域外適用の問題がある。

　上記の域外適用の問題を回避するには、「公徳」をあくまで措置を導入する米国民の公徳と設定し、「外国（中国）における人権侵害（強制労働）によって製造された製品が米国市場で流通し、米国民によって使用されることが、米国民の公徳を侵害する」、とする論理が考えられる。これであれば、保護の対象はあくまで自国領域内の自国民の公徳であるから、域外適用の問題は生じない。

　同様の論理はWTOの先例においても展開され、WTOルールとの整合性が肯定されている。すなわち、ECアザラシ事件において、EUは「外国で動物福祉に反する方法で殺傷されたアザラシおよびアザラシ製品がEU域内で流通することがEU市民の公徳を損なう」として、これら製品の禁輸措置を導入したが、この措置は(a)号に合致するとされた。

〈必要性要件〉

　一般に必要性要件を満たすのか否かは、先例上、(ア)目的の重要性、(イ)貿易制限性、(ウ)目的達成への貢献度を比較衡量し、代替措置の有無を検討して判断される。

　ECアザラシ事件では、禁輸の貿易制限性は認められるものの、動物福祉に反する方法で殺傷されたアザラシ製品の輸入禁止は、"EU市民が製品の流通や消費に関与することを回避させ、その需要を減らすことでアザラシの殺傷を減少させる"としてこれを肯定する一方、申立国が提示した代替措置がEUの達成水準を完全に満たさないことから、これは代替措置となり得ないとして必要性要件は充足されるとした。

　同じ論理を展開すると、米国市民が人権侵害製品の流通や消費に関与することを回避させる、および需要を減らすことで人権侵害を減少させる、という論理が成り立ちうるものと考えられる。

〈先例からの解釈（纏め）〉

　このように先例を踏まえれば本号に基づいて公徳保護を理由に措置が

正当化される可能性があり、強制労働産品の禁輸の正当化の理屈として最もカバー範囲が広くなる正当化根拠となりうる。GATSにも同様の正当化事由があり、金融制裁等にも適用可能となる。

(ii)上記解釈の限界と方向性

〈曖昧な公徳概念への依拠〉

　しかし、これは実質的には米国や豪州の公徳を中国に域外適用しており、形式論理的に域外適用論を回避するために曖昧な公徳概念に依拠して輸入国民の公徳を保護するとの非常に迂遠なロジックを採用せざるを得なくなっているものと捉えられる。

　つまり、他国の生産工程・生産方法（PPM）を、自国の人々の公徳を媒介として問題にしようとの意図の下、従来の公徳保護に係る諸事例よりも他国の管轄権に対する干渉の度合いは格段に高い。こうした解釈を敷衍すれば、労働者の基本権を保証しない国で生産された産品などに対する貿易制限措置の凡そ全てが(a)号の射程に含まれ得ることになる。

〈妥当性を有する公徳の範囲〉

　「輸入国の公徳に反することを根拠に、輸入制限を許容する」のではなく、「輸入国の公徳が国際的にも妥当性を有し、それを根拠にした輸入制限であれば例外として許容する」、ということであれば、それは妥当性を持ちうるとの考え方はあり得る。つまり、輸入国の公徳が市民社会一般に受容可能な普遍性を持っている場合や、国家間で共有されているものに関しては、域外的な効果を持ち得るような解釈も許容される、との立場である。

　勿論、国際的に共有される価値を見出すのは容易ではない。しかし、強制労働の禁止など、国際社会でほぼ共有され得る価値については一種の国際ルールに近いものとして受け止め、これに反発する諸国に対しては国際社会で活動する以上はこれに合致した対応を求めていくべきである。

〈必要性要件〉

　アザラシ事件で採用された曖昧な基準をもとに公徳の保護が広範に認められることとなれば、濫用リスクは極めて大きなものとなってしまう。従って濫用防止のために必要性要件を厳格にして縛りをかけることが重要になる。

　特に問題となるのが、ウイグル強制労働防止法のみなし規定である。このような"みなし規定"は、必要性審査において㈠目的の重要性、㈡貿易制限性、㈢目的達成への貢献度、を比較衡量する中で、㈡貿易制限性については、ウイグル産品の輸入に際して常に労働産品でないことを説明する義務を課す点で貿易制限性が大きいが、㈢については、ウイグル産品が何故目的達成に貢献するのか、同地での強制労働がどの程度広範に実施されていることの証明など、目的達成への貢献度が㈡の貿易制限性を上回ることを説明できなければ、必要性を否定されることになる。

〈元々の(a)号の想定〉

　他方で、従来、(a)号で規制が正当化される対象としては、例えばポルノグラフィや、拳銃、覚醒剤といったものが想定されており、世界共通の基準を定めるというよりも、各国夫々の公徳概念に従った規制措置が重要になっている。従って、公徳を国際公徳に高めるという発想は(a)号のもともと想定している規制の趣旨とは異なっており、輸入国の公徳は当該国内での人権侵害に対する刑事罰を強化すれば足りるので、輸入制限の必要性は全くないとの意見もある。

　海外とは文化が異なり、それを規制するようなことはそもそも正当性を欠き、アザラシ事件での必要性の判断基準が粗略であった。今後、他国のPPMを問題とするような貿易制限措置について、自国民の公徳の保護を理由として(a)号の下で正当化が試みられるという動きが出てくる可能性があり、パネルは寧ろ、「製品の特質ではなく、輸出国での製造方法について公徳を争う事案については、輸入制限で対処すべきではな

い」と判断をすべきだった、との立場である。

〈結論〉

　以上の検討を踏まえれば、アザラシ事件で採用された曖昧な基準をもとに公徳の概念を広範に認めることは適当ではなく、仮に現行の例外規定を前提に公徳の概念に依拠するにしても、国際社会でほぼ共有されている価値の範囲で、必要性要件を厳格に審査することが重要であると考えられる。

　もとより、先例も乏しい中での現行の例外規定の解釈での対応には限界がある。今後の人権問題に対する国際社会の要請に対応していく為、WTO協定の見直しの観点からの検討が重要であることを認識すべきものと考える。

②GATT第20条(e) 刑務所労働の産品に関する措置

　問題となるのは同号が規定する「刑務所労働（prison labor）」と米国措置が対象とする「強制労働」の関係である。仮に両者が異なるものとされるのであれば、米国措置は正当化されないこととなる。

(i)刑務所労働と強制労働の相違点

〈ILOの立場〉

　労働問題を専門に扱う国連機関であるILOは、「刑務所労働（prison labor）」と「強制労働（forced or compulsory labor）」を異なったものとする姿勢をとっている。ILOは、「刑務所労働」は罪を犯した者が政府の監督の下で償いのために労働することが本質であり、犯罪が前提とならない強制労働とは異なるとしている。

　ILOの1930年の強制労働条約（第29号）では、第2条1項で強制労働とは、処罰の脅威によって強制され、また、自らが任意に申し出たものでないすべての労働とされる。ただし、同条2項はこの定義に該当するとしても強制労働から除外される労働を定めており、その1つとして、同項(c)号で「公的権力の監督の下で、裁判所の判決の結果として強要さ

れる労務」は強制労働に含まれないとされている[9]。

〈ILOと異なる立場〉

　他方、GATTはILOと同様の解釈をとる必要はないとの立場もある。通商法の文脈では、「刑務所労働、強制労働は、共に特殊な事情による廉価な労働力の供給によって市場の調達コストよりも安いコストで製造されており、競争条件が平等でないという点では同じである。従って、刑務所労働と強制労働による産品は市場価格をベースにした製品とは区別されるべきであり、これを規定したのが第20条(e)である。」、「また、GATT規程制定時の捕虜労働の扱い等が曖昧なままに立法されたという面もある。」とする[10]。

　強制労働が刑務所労働に包含されていれば、その限りでは第20条(e)で正当化される可能性がある。つまり、米国が主張するウイグル自治区の「強制労働」に上記ILOの立場に言う「刑務所労働」が含まれる場合、両者が重なり合う範囲では、ILO又は通商法いずれの立場を取ったとしても、米国措置は(e)号上の「刑務所労働」を対象にしているといえる。実際、新疆ウイグル自治区では強制労働に従事する人々が捕虜収容所（internment camps）、つまり刑務所に収容されているとも報告されており、このような重なりが生じている範囲は実際に存在し得るものである。

　他方、重なりがない部分（つまり刑務所労働でない強制労働が行われている部分）については、上記2つの何れかの立場をとるかでGATT第20条(e)号での正当化ができるかどうか、結論が異なることとなる。何れにしても後者の立場は、刑務所労働を刑務所での労働に限らず、市場価格に拠らない労働と解することにも繋がってくる恐れもある。

(ii)解釈の方向性

　上記の検討結果を踏まえれば、刑務所労働の概念を拡大して解釈することについては慎重であるべきと考えられる。仮に刑務所労働を刑務所での労働に限らず、市場価格に拠らない労働と解釈を広げてしまえば、

目的・手段の合理性を検証すべき関連性も非常に緩いものとなってしまい、かなりの濫用に繋がる可能性がある。

　もとより、当研究会発足の原点である「従来の自由貿易の追求という基本理念とは異なる価値観を取り込んでいかない限り、国際通商ルールの基盤であるWTOに未来はない」との認識に立ち返れば、貿易の文脈の解釈に拘り、更には刑務所労働の拡大解釈に走るのではなく、時代のニーズに適切に対応した方向を指向すべきではないかと考える。

③GATT第20条(d) この協定の規定に反しない法令の遵守を確保するために必要な措置

　FTAとWTOルールの抵触問題に絞って、Ⅲ2先進的FTAの課題で詳述する。

④GATT第20条(b) 人、動物又は植物の生命又は健康の保護のために必要な措置

　本条における「人」とは誰を指すかについては、以下のことが考えられる。

(i)米国民

　「人」を規制発動国の国民（すなわち、米国民）とした場合、対象となるウイグル産品の輸入制限と米国民の生命や健康の保護との関係性は乏しく、従って、必要性要件を満たさないことは明らかである。

(ii)ウイグル民族

　「人」をウイグル民族と捉えた場合も、米国における禁輸とウイグル民族の人権保護とは目的、手段の関係性が希薄であり、必要性要件を満たさない可能性が高い。同時に、他国民を対象とすることとすれば、域外適用の問題が生じ、正当化は困難となる。

2 戦時の人権侵害に対する貿易制限措置

(1)措置の概要と論点

① 戦時の交戦国による人権侵害を理由とした貿易制限措置として、2022年2月に発生したロシアによるウクライナへの侵攻において、ロシア軍によるウクライナ民間人への殺害等の人権侵害を理由の1つとして導入された制裁措置がある。同侵攻を契機として、日本のほか、米国やEUがロシア産品の輸入禁止や、自国からのロシアへの輸出禁止等の措置を取っている。その際のGATT上の論点としては、今回は直接の交戦国であるウクライナではなく、その支援国である米国、日本、EU等によって措置が取られている点が挙げられる。

② また、ウクライナでのロシアの行為は大規模な人権侵害であり、ジェノサイドではないかとの指摘がある。また、戦時ではないもののウイグル自治区の状況を米国、英国、カナダがジェノサイドと形容する動きがある。そうした強制労働とは異なる人権侵害について、何らかの措置が取られた場合、GATT例外規定の「戦時その他の国際関係の緊急時」にジェノサイドは含まれるのか、が論点となる。

(2)現行ルールとの整合性

上記①の輸出入禁止措置は、ロシア製品は他国の製品と「同種の産品」であるため、同国製品のみを禁輸する措置はGATT上の無差別原則（最恵国待遇）に違反する。また、輸出入を禁止しているため、GATT上の数量制限の禁止原則（第11条1項）に違反する。

(3)措置の正当化（例外規定の解釈）

〈GATT第21条 安全保障のための例外〉

> この協定のいかなる規定も、次のいずれかのことを定めるものと解

してはならない

(b)締約国が自国の安全保障上の重大な利益の保護のために必要であ
　ると認める次のいずれかの措置を執ることを妨げること

　(iii)戦時その他の国際関係の緊急時

(c)締約国が国際の平和及び安全の維持のため国際連合憲章に基づく
　義務に従う措置を執ることを妨げること

① 　結論としては、戦時にとられる措置としてGATT第21条(b)号(iii)
　での正当化が可能となる可能性が高い。直接の紛争当事国以外の関
　与をどの程度拡大して認めるのか、条文上は明らかでないが、直接
　の紛争当事国ではない国については、貿易制限措置と自国の安全保
　障上の重大な利益との関係性が問題となるが、今日の国際関係、国
　際法の基本原則の維持は全ての国の安全保障と関連するため、正当
　化は可能であると考えられる。

　　本件措置については、まさに武力紛争が現に生じているため、第
　1章（安全保障）の類型にいう戦時にとられる措置として、GATT
　第21条(b)号(iii)での正当化が可能となる可能性が高い。他方、今回
　は直接の交戦国であるウクライナではなく、その支援国である米国、
　日本、EU等によって措置が取られており、この点をGATT第21
　条(b)号(iii)の要件に従って検証する必要がある。

　　まず、「国際関係の緊急時」については、今回のロシアによるウ
　クライナ侵攻は、先例において国際関係の緊急時と認定されている
　2014年のクリミア危機（ロシアによるクリミア侵攻）と同様また
　はそれ以上の大規模な武力衝突が生じており、国際関係の緊急時と
　判断できると考えられる。

　　次に、「自国の安全保障上の重大な利益の保護に必要」との要件
　が問題となる。先例に基づくと、この必要性については、当該措置

と自国の安全保障上の重大な利益の保護との関係性が"全く合理的でないとは言えない"程度の説明で足りるとされる（安全保障章を参照）。

　この点、武力不行使原則や大規模な人権侵害の防止といった、国連憲章にも規定があり、慣習国際法としてすべての国を拘束すると考えられる今日の国際関係の基本原則を維持することは、国際社会を構成する全ての国の安全保障に関連すると考えられる。したがって、当該原則に違反した国を共同で制裁することも、安全保障上の重大な利益の保護に必要であり、制裁措置として導入される輸出入制限等も正当化が可能であると考えられる。因みに我が国の措置は、「国際平和のための国際的な努力に我が国として寄与する」ことを目的としている（外為法第48条3項）。

② 　ウクライナやウイグル自治区の状況がジェノサイドではないかとの指摘については、現在明らかになっている状況の限りでは、直ちに国際法上の「ジェノサイド」と認定される可能性は高くはないと考えられる。これは、先例上、21条は「国家の防衛又は軍事的関心、法や公の秩序利益の維持」に関連し、「一般的には武力衝突、潜在的な武力衝突、危機の高まり、国家を取り巻く一般的な不安定さ」を対象とすると解釈されており、国際法上の「ジェノサイド」認定基準（ICJジェノサイド条約適用事件）もハードルは高いためである。

　但し、「ジェノサイドは国際社会全体の関心事であり、すべての国が法的利益を有するもの」（ICJバルセロナトラクション事件）と位置付けられているため、一国の単独判断ではなく、例えばウイグル自治区では強制労働に限らず宗教的な迫害を含めた大規模な人権侵害が行われているとして、仮にG7が中心的な課題として取り上げれば、国際関係の緊張状態として、国際法上の「ジェノサイド」と認定され、21条の「戦時その他の国際関係の緊急時」に該

当するものとされる可能性はある。何れにしても、ウイグルやウクライナの状況は今後とも注視していくべき課題と考えられる。

3　人権侵害関与者の資産凍結・入国禁止（GATS規定の適用）

　輸出入規制措置以外の人権侵害の抑止策としては、伝統的に、侵害に関与した個人や法人の資産凍結等の金融制裁、入国禁止といった措置が導入されてきた。これらは、サービス貿易を規律するGATSの規定上、金融、その他サービスの侵害としてみなされ得る。

　なお、こうした侵害行為に関与した特定の個人や法人を狙い撃ちにする制裁は、制裁対象国の一般国民に広く影響する輸出入制限に比べて影響範囲が限定されるため、スマートサンクションとも呼ばれている[11]。

⑴措置の概要と根拠法制[12]

①米国

　強制労働や思想弾圧等の人権侵害について、当該侵害に関与した人物や企業を制裁対象とする以下の法令が存在し、中国等の人権侵害に活用されている。

〈グローバル・マグニツキー人権問責法〉（Global Magnitsky Human Rights Accountability Act）

　グローバル・マグニツキー人権問責法は、国籍を問わず、人権侵害や汚職に関与していると特定された外国人に対して、経済制裁や米国への入国拒否を行う権限を大統領に与える法律であり、制裁対象は大統領令で定められる。

　同法は、2008年、米国生まれのロシア税務の専門家マグニツキー氏がロシア当局の腐敗行為を告発したことをきっかけに拘禁され、獄中で死亡した事件をきっかけに、ロシアへの制裁措置として2012年成立した。当初は法律の成立を優先させるため、対象国をロシアに限定した法となったが、全世界に対象を広げた法案が、2016年12月に成立した。

2017年12月、同法を実施するため大統領令第13818号（深刻な人権侵害行為及び腐敗行為の関与者の資産の凍結）が制定され、その後も大統領令により制裁対象が拡大されている。特に金融制裁が著名であり、この対象となる外国人は「特別指定国民（SDN）」と呼ばれる。

〈大統領令第13818号〉（Executive Order 13818）

　米国財務省外国資産管理室（OFAC）による金融制裁を導入。OFACは、人権侵害への加担者を含む制裁リストとしてSDN（Specially Designated Nationals and Blocked Persons）リストを作成し、米国内の資産凍結や米国入国禁止等の対象とされる。

〈ウイグル人権政策法〉（Uyghur Human Rights Policy Act of 2020）

　中国の人権侵害に特化した制裁措置として、新疆ウイグル自治区における人権侵害行為に関して責任を有する個人（中国政府高官を含む）について、大統領が議会の各委員会に年次報告を行うことの義務付けるとともに（Sec. 6(a)）、大統領に資産凍結、ビザ無効化、罰金等の制裁措置を行う権限を付与している（Sec. 6(b)、(c)）。

②EU

〈Global human rights sanctions regime〉の採用（2020年12月）
（米国のグローバル・マグニツキー法に相当）

　本制度は、対象行為として、ジェノサイドや人道に対する罪に加え、拷問、奴隷行為（強制労働）、超法規的殺人、恣意的逮捕、恣意的拘留等を重大な人権侵害行為と定義し、制裁対象としている。また、他の行為でも、EU理事会が深刻と判断すれば制裁対象とすることができる。これにより、国権の発動による司法行為も対象となり、特に中国の新疆ウイグル自治区や香港での政府行為に対しても、人権制裁が発動できることとなった。

　制裁として、個人のEUへの渡航禁止やEU域内の資産凍結、また、制裁対象へのEU域内の個人や法人による送金や決済、資産運用も禁止

される。

　このほか、北朝鮮、リビア、ロシア、南スーダン、エリトリアを制裁レジームの対象としている（2021年3月）。

③その他の国

　グローバル・マグニツキー法の制定を受け、類似の法制が英国（2018年）、カナダ（2017年）で立法されている。

　また、オーストラリアでは、当初米国類似の法令を制定する方向で議論が進んでいたが、オーストラリア政府は新規立法ではなく、既存の法律である「2011年自律的制裁法」及び「2011年自律的制裁規則」を改正し、深刻な人権侵害行為等への制裁制度を導入する考えを取った。

　2021年11月、上記自律的制裁法の改正案が政府から議会に提出され、同年12月7日「2021年自律的制裁改正（マグニツキー型及び他のテーマ別制裁）法」が成立した。また、制裁規則を改正するため「2021年自律的制裁改正（マグニツキー型及び他のテーマ別制裁）規則」が同月16日に制定、さらに同規則を改正する規則である「2022 年自律的制裁（被制裁者―テーマ別制裁）令」が2022年3月に制定された。

　2021年改正前の自律的制裁法・同規則は、国単位での制裁枠組について定めていた。2021年改正法では、これに加えて特定のテーマに係る制裁の枠組みが設けられ、そのテーマの例の一つとして深刻な人権侵害行為が掲げられることで、人権侵害に対する制裁制度が導入されている。

(2)現行ルールとの整合性

　GATSは内国民待遇や市場アクセスについてはGATTのように自由化を原則としておらず、サービス約束表において約束を行った分野・モードのみが対象とされる。

　従って、制裁対象者が制裁の導入国に対して何等かのサービスを提供している場合、例えば金融制裁措置を発動すれば金融関連のサービス提供が制約されことになり、GATSの違反が問われ得ることになる。また、

市場アクセス（GATS第16条）についても、入国禁止等の措置の発動は市場へのアクセスを制限することになるため、無条件アクセスを約束している場合には違反が認定され得ることになる。

裏を返せば、サービス約束表において約束を行っていなければ、内国民待遇や市場アクセスについて、発動国の行為に法的な規律は何らない状態となっている。

但し、GATS第2条（最恵国待遇）は約束の有無を問わず適用されるため、制裁の態様次第では最恵国待遇（MFN）違反とされることになる。特に特定国の国民のみを狙う措置等は違反となる可能性が高い。

⑶措置の正当化

GATSは第14条で一般例外を定めており、同条(a)号で公徳の保護に関しての必要な措置を規定しており、結論としては本報告書のⅡ1⑶①において検討したGATT第20条(a)号に関するものと異ならない。なお、GATS第14条には、GATT第20条(e)号（刑務所労働に関する措置）に相当する規定は存在しないため、これに基づく正当化はできない。

4　国連決議に基づく制裁措置

⑴措置の概要（これまでの主な発動事例）

人権保護を目的として、国連安保理決議に基づき対南アフリカ（1977年）、対ソマリア（1992年）など対する制裁措置が実施された。

⑵現行ルール、例外規定との整合性

GATT第21条(c)号は、「締約国が国際の平和及び安全の維持のため国際連合憲章に基づく義務に従う措置を執ること」を認めている。この「国際の平和及び安全の維持のため国連憲章に基づく義務」とは、安全保障理事会が加盟国に具体的な義務づけを行う国際連合憲章第7章に基づく義務を指すとされ、例えば近時の事例として北朝鮮制裁における特

定の物資の輸出禁止等については、同号に基づく正当化を援用できる。

　但し、人権保護の観点からの制裁措置について、常任理事国の一部が反対したために安保理決議に至らず、米国、EUなど各国・地域が個別に制裁措置を発動している事例があり、これらについてはGATT第21条(c)号の援用はなく、上述のⅡ1〜3に則った対応が求められることとなる。

　国連決議に基づかない制裁措置の代表的な事例として以下のものが挙げられる[13]。

　○ジンバブエに対するEU、英国及びオーストラリアによる武器及び関連物資の禁輸、資産凍結及び渡航制限（2002年〜）並びにカナダによる武器及び関連物資の禁輸、資産凍結、渡航制限等（2008年〜）。

　○ベラルーシに対するEUによる資産凍結、渡航制限等（2004年〜）、米国による資産凍結等（2006年〜）並びにカナダ及び英国による資産凍結等（2020年〜）。

　○イランに対する米国による資産凍結、渡航制限等（2009年〜）並びにEU及び英国による資産凍結、渡航制限等（2011年〜。なお、2012年以降、インターネット及び電話通信等の監視や傍受等に利用され得る機器の禁輸等を含む）。

　○シリアに対する米国による資産凍結、新規投資及び輸出等の禁止、石油製品の輸入禁止等（2011年〜）、EU、英国、スイス、オーストラリア及びカナダによる一部製品の輸出禁止、石油製品の輸入禁止、資産凍結等（2011年〜）並びにトルコ及び日本による資産凍結等（2011年〜）。

　○ベネズエラに対する米国による資産凍結、渡航制限等（2015年〜。なお、2017年以降、政府や国営石油会社が新たに発行する債券の取引禁止等を含む）、カナダによる資産凍結等（2017年〜）及びEUによる資産凍結、渡航制限等（2017年〜）。

○ミャンマーに対するEU、英国、カナダ及び米国による資産凍結等（2018〜）。なお、EU及びカナダについては、武器の禁輸等も含む）。

○中国に対する米国による一部商品の輸入規制等（2019年〜）、資産凍結及び渡航制限（2020年〜）、EU、英国及びカナダによる資産凍結及び渡航制限（2021年〜）。

○キューバに対する米国による輸出入制限、入国制限、資産凍結等（1959年〜）[14]。

○イランに対し、スカーフのかぶり方をめぐり警察に逮捕された女性が死亡した件について、米国は、イランで風紀を取り締まる警察とその幹部など7人に対し資産の凍結などの制裁を科した（2022年〜）[15]。

Ⅲ　FTAによる人権関連ルールの発展

1　先進的FTAにおけるルールの発展

(1)FTAにおける人権保護規律の導入、強化の背景

　近時、複数国間又は地域のFTAに於いても、人権に関する規律が規定される事例が増加している。現行WTO協定には人権に関する明示的な規定がないが、その遠因として、1996年のWTOシンガポール閣僚宣言に於いて、途上国からの要請もあり、労働分野の規律はILOに委ねWTOでは基本的に扱わないこととされたことが挙げられる。ただ、ILO等では事実上、人権を取り込んだ通商ルールの策定は行われず、この空白を補うような形で二国間又はマルチのFTAでの人権に係る通商ルール作りが進んできた。

(2)先進的FTAにおける人権（強制労働）関連規定の特徴

　ここでは下記図表の通り、CPTPP、USMCA、日EUEPA、RCEPの4例を取り上げた。近年の先進的FTAの特徴として、以下の項目の一

部又は全てが盛り込まれていることが指摘できる。

①ILOの中核的労働基準の遵守

RCEPを除く3つの先進国間協定では、中核的な労働基準としてILO宣言の4つの権利を採用・維持する義務を定め、強制労働や児童労働の撤廃が規定される。日米EUの人権保護に関する問題意識をルールに反映したものと考えられる。

②遵守義務違反に対するFTA内の紛争解決手続きの制度化

労働分野に係る通商紛争の処理についてもWTOの対象外とするとの考えもあり、FTA内で紛争解決手続きを定めている事例が増えている。例えば、日EUEPAでは政府間協議に解決手法が限定される一方、CPTPPでは義務違反が貿易又は投資に影響を及ぼした場合には紛争解決手段として司法審査（パネル設置）が規定されている。

更にCPTPPでは、全ての締約国からの規定違反等に対する意見書を提出する「パブリックサブミッション制度」や「労働対話制度」、「労働評議会への申し立て制度」を設け、より柔軟な紛争解決の仕組みが制度化されている。

③遵守義務違反認定における貿易投資影響要件の切り離し

CAFTA-DR（中米・ドミニカ・米国FTA）の仲裁パネルで、「グアテマラによる強制労働を協定違反として認定するには、締約国間の貿易に与えた影響の立証が必要」との判断があり（2017年）、CPTPPはこれを踏まえた規律となっているが、その後に締結された日EU、USMCAではこれを要件とはしていない。

USMCAでは、義務違反の事実だけで貿易又は投資に影響を及ぼしたことを推定する規定となっており、貿易との関係性の希薄化が進んでいる。これは、当該国内で労働法違反があれば、他の締約国からの介入、FTAのパネル審査もあり得る形となっている。

図表2　CPTPP・USMCA・日EUEPA・RCEPの人権（労働）関連規定

協　定	CPTPP	USMCA	日EUEPA	RCEP
強制労働の禁止	各締約国は、ILO宣言に述べられている次の権利を採用し、及び維持する。 (a)結社の自由及び団体交渉権の実効的な承認 (b)あらゆる形態の強制労働の撤廃 (c)児童労働の実効的な廃止及びこの協定の適用上、最悪の形態の児童労働の禁止 (d)雇用及び職業に関する差別の撤廃 （第19.3条）	同左（CPTPPに同じ）（第23.3条）	両締約国は、労働における基本的な原則及び権利に関するILO宣言及びその実施についての措置に関するそれぞれの約束を更に再確認する。このため、両締約国は、労働における基本的な権利に関する国際的に認められた次に掲げる原則を自国の法令及び慣行において尊重し、促進し、及び実現する （左記(a)〜(d)に同じ） （16.3条）	規定なし
強制労働産品の禁輸	強制労働等で生産された物品を他の輸入源から輸入しないよう奨励（一方的措置を認めるものでない旨注記）（19.6条）	強制労働等で生産された物品を他の輸入源から輸入しない義務（23.6条）	（規定なし）	規定なし
紛争解決条件	上記の義務違反が「締約国間の貿易又は投資に影響を及ぼす態様であったこと」が必要 （第19.3条・注2）	左記CPTPP規定について義務違反による貿易又は投資への影響を推定（≒通商とは切り離される）（第23.3条及び注釈）	政府間協議に限定され、パネルによる審査対象から除外（16.17条）	規定なし

④強制労働産品の輸入制限

　CPTPPは強制労働等で生産された物品を他の輸入源から輸入しないよう奨励するが、一方的措置（ここでは締約国がCPTPPの他の規定やWTO設立協定又は他の国際貿易協定に基づく自国の義務に反することとなる自発的活動を行うこと）を認めるものでない旨も注記されている。

　より最近のUSMCAではこの規定が強化され、輸入の禁止が義務とされる。米国が強制労働産品の輸入を許容しない姿勢の現れといえ、米国の国内法令と同様の措置を取るよう、FTAを介して他国に求める考えを示しているといえる。また、これは第三国に対する協力的対抗の手段

としてのFTAの機能とも捉えられる。他方で、日EUやRCEPでは該当する規定はない。

2　先進的FTAの課題

⑴WTOルールとの調整（例外規定による正当化）

　FTAにおける人権関連ルールについても、WTO協定上の原則との整合性の検証が求められる。このうちUSMCAでは、規定上、人権保護を目的とする通商制限が義務づけられる一方、WTOルール上は、当該通商措置は原則禁止されるため、この調整が必要である。

　FTA上の義務であることを理由としてWTO原則からの逸脱を正当化するためには、先ずGATT第20条⒟号の「GATTに反しない法令」として正当化、またはGATT第24条に基づく正当化の二つが考えられる。

①GATT第20条⒟ この協定の規定に反しない法令の遵守を確保する ために必要な措置

　GATT第20条⒟号に関しては複数の先例がある。まずWTOのメキシコ飲料税事件（DS308）上級委判断では、「この協定の規定に反しない法令」に条約自体が入るか否かが争われ、結果として「法令」とは国内法であるとの判断が出された。ただ、ここでは条約が当該国の国内法に編入され、国内法として適用される場合の「法令」への該当性は否定されてはいない。

　その後のインドソーラーパネル事件（DS456）では、FTAが国内法体系（domestic legal system）に編入された場合にはカテゴリカルには否定しないとの軌道修正に近い判断も示されたが、結論は明示されていない。

　以上、過去の先例に基づくと、FTA上の義務を国内法として整備することで「法令」に関する曖昧さは回避可能と考えられるが、次には

(d)号の「GATTに反しない」ことが重要となり、結局GATT第20条、特に20条(a)号による正当化の可否が問われることになる。

②GATT第24条

GATT第24条を根拠に最恵国待遇の例外としてFTAの締結が認められるため、当該規定の活用が考えられる。但し、それには同条5項の各条件に合致する必要があり、特に同条5項(b)号の、「(FTAは）関税その他の通商規則よりそれぞれ高度なものであるか又は制限的なものであってはならない」との規定が問題となる。

ただ、この第24条5項の議論も、同条8項(b)号において、上記の「関税その他の制限的通商規則について、GATT第20条で正当化されるものを除く」と定められているため、最終的にはGATT第20条の議論に帰着することになる。

結論としては、WTO協定上の義務違反をFTA上の義務の履行を理由とした正当化は困難と考えられる。他方、FTA上の義務に基づく措置がGATT第20条等に合致する場合には、正当化が可能となる。つまりWTOルールはFTA上の義務がWTO整合的であることを求めている。

(2)FTA間の調整

FTA間の関係にも問題が生じる可能性がある。この点は環境分野のとりまとめで述べた懸念と重なるが、CPTPPやUSMCAなど、今日では紛争解決機能を持つ複数のFTAが締結されており、それぞれのFTAにおける紛争事案の蓄積によりFTA間で同一の文言でも解釈が異なってくる可能性がある（断片化）。

例えば、各FTAの紛争解決機関での「強制労働」の意味がFTA毎に異なってくる可能性がある。結果、同じ文言であってもFTA毎に異なった内容の義務を指すこととなり、複数のFTAに加盟する国における混乱が生じることが懸念される。

このため、例えばFTAネットワーク（FTAの代表者からなるフォー

ラム）を組織し、継続してFTA間の意思疎通・調整を図っていくことが考えられる。FTAによってはこのように紛争解決の過程等において関連する国際機関に助言を求めることができるとの規定を設ける例もあり、日EUEPAでは、紛争解決手続きに代替される政府間協議において、特別の要請により関連する国際機関に助言を求めることができると規定する（第16.17条）。こうした規定を活用することで、関連する国際機関を通じてFTA間で解釈を統一していくことも考えられる。

Ⅳ　対応の方向性

1　基本的考え方

　既に述べたとおり、非経済的要素である人権保護という普遍的価値を取り入れた通商措置の導入は時代の潮流であり、こうした異なる価値観を如何に取り込んでいけるかが国際通商ルールの基盤であるWTOの未来にとって大きなテーマとなっている。

　しかし、ここには"人権問題のジレンマ"とされる、"崇高で無条件で認めるべきと思われる普遍的価値の追求"と、"これを名目とした保護主義の隠れ蓑として濫用されるリスクの大きさ"という矛盾を、バランスよくルールに反映させていく作業は容易ではなく、WTO締約国全体のコンセンサスを得ていくハードルも極めて高いことが想定される。

　加えて、先に触れた1996年のシンガポール閣僚宣言の経緯なども踏まえれば、WTO自身が本件について主導的にフレームワークを構築していくことについては慎重に進める必要がある。主要各国に於いてもいきなりWTOにおけるルール化を目指すよりも、国内措置やFTA、地域フォーラムなどの枠組みを使った制度整備やルール化を進めていくことが見込まれる状況にある。

　このため、当面はWTO自身の責務として、人権保護を目的とした通

商上の規制措置に対し、濫用の抑止の観点から、限られた先例の解釈の適正化を進めつつ、人権問題に絡む個別の紛争に対応して適切に先例を積み上げていくことが重要となる。

その上で、中期的には国際通商ルールの構築、WTOへの取り込みに向けて、更なる進展が想定される先進的なFTAや様々なフォーラムでのルール化などの取り組みの集約や、関係国際機関との連携など、基盤づくりを行っていくべきではないかと考えられる。

2　濫用の防止（GATT 例外規定の概念限定化、要件厳格化）

(1)「公徳」概念の限定化（概念の国際的共有と輸入国裁量の制限）

既にⅡ1(3)①で述べた通り、「公徳」は先例が述べるように措置の導入国に大きな裁量を持たせるのではなく、国際社会でほぼ共有されている価値の範囲で、必要性要件を厳格に審査することが重要である。これにより措置導入国に国際的な理解の状況を説明させ、「公徳」の範囲に関する輸入国裁量を限定することで、濫用防止を図る。また、国際的に理解を得ている公徳であれば、一方的な輸入国の考えの押し付けではなく、域外適用を受ける輸出国側においても納得感を期待できる。

こうした考えは、パリ条約（TRIPS協定でWTO諸協定に編入）の10条の2が参考となる。同条は不正競争行為の防止を加盟国に義務づけるが、その第2項において「工業上又は商業上の公正な慣習に反するすべての競争行為は、不正競争行為を構成する」と規定する。ここにいう「公正な慣習」に関しても、「公徳」の理解と同様、個別国の理解を尊重すべきとの立場もあるが、個別国が主観的に公正と考える慣習ではなく、国際的に合意を得ている慣習である、との理解がある。

(2)必要性要件の厳格化

次に重要となるのが必要性要件の厳格な審査である。先例上、必要性

の判断は①目的の重要性、②貿易制限性、③目的達成への貢献、の3要素が比較衡量され、更に、より貿易制限的でない代替措置の有無が審査される。

　米国の禁輸措置を例にとると、特に③目的達成への貢献が問題となる。例えば、ウイグル自治区で生産された製品をすべて強制労働産品とみなすことが必要かつ妥当なのか、目的達成のためには輸入禁止よりも国内の流通制限等の取組み強化で足りるのではないか、などの点の精査が挙げられよう。

⑶20条柱書の厳格な運用

　柱書は措置の適用に焦点を当て、措置が恣意的または不当な差別、又は偽装された貿易制限とならない態様で適用されることを求める。その内容は信義則に基づく多様な要素が審査されるとされるが、米国措置を例にとると、ウイグル産品であっても人権侵害品ではないとの反証の採用柔軟性の確保や、反証を認めない場合の理由づけなど、審査内容の透明性確保などが重要となる。

　また、柱書の中で、人権侵害産品の輸入によって、輸入国の国内競合産業が悪影響を受けるか否かを審査することも考えられる。仮に影響がない場合、輸入制限は「偽装された貿易制限」ととらえる余地があると考えられ、こうした審査を導入することで濫用の防止につなげられる可能性がある。

3　マルチルール化の基盤作り

⑴先進的FTAでの人権関連規定の取り込み
　FTA労働関連モデルルールの策定（ILO宣言の4項目を軸に）

　CPTPPやUSMCA、日EUEPAといった先進国のFTAにおいては、ILO宣言に規定された4つの労働原則の遵守等が規定されている。ILO

宣言の4項目については、ILOは「加盟国であるという事実によってこれらを保障する義務を負う」との立場を示している。このため、途上国もこれを保護する義務を負っており、少なくとも労働分野には途上国・先進国がともに負うべき国際的な義務が存在している。

労働における基本的原則及び権利に関するILO宣言とそのフォローアップ（抜粋）

2　すべての加盟国は、問題となっている条約を批准していない場合においても、まさにこの機関の加盟国であるという事実そのものにより、誠意をもって、憲章に従って、これらの条約の対象となっている基本的権利に関する原則、すなわち、

(a)　結社の自由及び団体交渉権の効果的な承認

(b)　あらゆる形態の強制労働の禁止

(c)　児童労働の実効的な廃止

(d)　雇用及び職業における差別の排除

を尊重し、促進し、かつ実現する義務を負うことを宣言する。

　従って、ILO宣言に規定する中核的労働基準の遵守義務等を軸にモデルルールを作成し、FTAにおける労働関連ルールの導入・収斂を図っていくことが考えられる。その際、近年の先端的なFTAは、紛争処理制度などに於いて、より柔軟な問題解決の枠組みが導入されている事例を含め、ILOとは異なるアプローチで締約国の労働者の権利保護の枠組みなど、人権問題に絡む通商紛争への対応に多様な選択肢を提供しうる存在となっており、こうした成果を十分に取り入れていくことが重要である。

(2)関連国際機関との連携、相互補完

　その際（III 2のFTA間の調整で触れたFTAネットワークの組織化と

同様）、だれが取りまとめ役となるのかが重要である。FTAには常設の事務局を持たないものも多いため、WTOが、ILOなどの関係国際機関と連携し、共同で通商ルールの内容の掌握、FTAのネットワーク化、更にはモデルルールの策定につなげていくことが考えられる。

4　我が国の取り組み

　人権に係る貿易措置に関し、我が国はG7の一員として「グローバルなサプライチェーンが強制労働の利用に関わらないことを確保するため、我々自身が利用できる国内的手段及び多国間機関を通じて協働し続ける」（2021年6月）ことにコミットすると共に、米国主導の人権と貿易措置を巡る各種マルチのフォーラムへの参画㊟や、日米のサプライチェーン上の人権侵害排除に関する協議体への参画（2023年1月）を決定し、検討が進められている。

㊟IPEFへの参画、第2回民主主義サミット（2023年3月）「輸出管理と
　　人権イニシアティブ」への支持表明。

　他方、冒頭で示した通り、人権侵害を理由とする輸出管理の検討を今後進めていく方向性は示されているものの、現時点では何らの貿易規制措置は講じられてはおらず、また企業の人権デューディリジェンスについても、ガイドラインは示されたものの、義務化等の措置は講じられてはいない。欧米諸国の規制措置導入が進む中で、こうした状況が続けば二国間或いは多国間の人権を巡る通商協力の枠組みから日本が外され、結局は日本企業へのしわ寄せを懸念する声や、例えば、必要なデューディリジェンス範囲特定のルール作りを主導するなどの積極的役割を期待する声も上がっている。

　こうした中で、我が国における人権保護を巡る通商措置に関しては、上述した通り、WTO協定の改定のハードルが他分野より相対的にも高い状況も念頭に、先ずは濫用防止の対策に積極的に貢献し、恣意的な措

置に対しての監視強化が重要である。その上で、我が国としても戦略的にFTA戦略を進め、此処に各種フォーラムでの建設的な成果を取り込むと共に、国内措置を進め、マルチルール化の基盤作りに貢献していくことが想定される。

　国際通商体制は大きな転換期にあり、こうした普遍的価値のルール化の問題だけではなく、途上国問題、一国主義の台頭や米中対立や西側と権威主義国との関係など多くの構造的問題を抱え、ブロック化への懸念もはらみつつ、新たな国際経済秩序の形成に向けての模索が始まっている。WTOルールの現代化に向けて、我が国も状況を総合的に見極めながら適切に対応していくことが重要である。

【注】
1　児童労働について、児童労働の廃止と若年労働者の労働条件向上を目的とするILOの1973年の「就業が認められるための最低年齢に関する条約」（第138号）、および18歳未満の児童による最悪の形態の児童労働の禁止及び撤廃を確保するための即時の効果的な措置を求める1999年の「最悪の形態の児童労働の禁止及び撤廃のための即時の行動に関する条約」（第182号）などによって規定されている。

2　紛争ダイヤモンドについては、GATT上の義務との整合性を担保するため、WTO上のウェーバー（義務免除）により整合性が担保された（経済産業省「不公正貿易報告書」（2023年版、262-263頁参照）

3　強制労働の定義について、一国の価値観だけに基づいて強制労働と決めつけるのではなく、ILO等国際機関による基準、国際的に確立している慣行に照らして判断する必要がある。強制労働が行われていることの挙証責任は、ある国で強制労働が行われていると主張する国にあるが、この証拠は伝聞証拠では不十分でその目撃者、その被害者等の言明などより直接的な証拠が必要と思われる。また、そのためには現地調査が必要なことがあるが、この現地調査を強制労働が行われていると主張されている国が拒否すれば、これはその国が強制労働を行っているとの推定の根拠（不利な推定）となろう。

4　JETRO「欧州委、人権・環境デューディリジェンスの義務化指令案を発表」（https://www.jetro.go.jp/biznews/2022/02/270ab8bbbd9b69d1.html）

5　JETRO「欧州委、強制労働製品のEU域内での流通を禁止する規則案を発表」（https://www.jetro.go.jp/biznews/2022/09/81b8c14a1c45210a.html）

6　https://jp.reuters.com/article/eu-trade-labour-idJPKBN2QF2AW

7　青井保「デュアルユース品目に対するEU輸出管理制度改革と規則改訂案」（https://www.cistec.or.jp/service/sankoushin2_data/1611-01_tokusyuu03.pdf）

8　現行ルールを変更しPPM基準を導入して、強制労働によって製造された物品は輸入国の世論、すなわち、輸入国で強制労働によって製造された物品はその事実によっていわば「汚染」されており、機能的には類似製品でも別のカテゴリーに属する物品であるとの見方が一般的に広まっていれば、これは「消費者の嗜好」の違いから同種産品であることを否定する論拠となると思われる。

9　強制労働条約（第29号）第2条2項によって(c)号のほか強制労働に包含されないものとして(a)純然たる軍事的性質の作業に対し強制兵役法によって強制される労務、(b)国民の通常の市民的義務を構成する労働、(d)緊急の場合、例えば戦争、火災、地震、猛烈な流行病その他のような災害またはそのおそれのある場合に強要される労務、(e)軽易な地域社会の労務であって通常の市民的義務と認められる労務、がある。

10　この考えを進めると、(e)号において、低コストの人権侵害産品の輸入によって、輸入国の国内競合産業が悪影響を受ける、という要件が必要となるとの考えを取りうる。

11　中谷和弘「経済制裁：国際法の観点から」（https://www.jiia.or.jp/research-report/post-40.html）

12　各国の記載について、越田崇夫「諸外国の人権侵害制裁法」（https://dl.ndl.go.jp/view/download/digidepo_12299753_po_085802.pdf?contentNo=1）を参照した。

13　上原有紀子「国際法の観点から見た人権と制裁をめぐる議論―国連総会での一方的強制措置等に関する議論を中心に―」レファレンス（The Reference）、855号（国立国会図書館、2022年3月）、65-68頁（https://dl.ndl.go.jp/view/download/digidepo_12186746_po_085503.pdf?contentNo=1）

14　1992年のキューバ民主主義法、1996年のヘルムズバートン法は域外適用を含んでいたため、EU等による対抗立法の制定など国際的な摩擦を引き起こしている（経済産業省「不公正貿易報告書」（2016年）、153-154頁）

15　https://home.treasury.gov/news/press-releases/jy0969

第4章

パンデミック分野

第4章　パンデミック分野

I　検討の視点

　WTO体制においても、アフリカにおけるエボラ出血熱の流行など、地域的な感染爆発が生じる事態は経験されてきたが、これによる輸出入への影響は限定的だった。しかし、2020年から世界的な流行を見せた新型コロナウイルスの発生は、WTO体制を中心とする今日の通商体制にとって、初めて経験するグローバルな感染拡大（パンデミック）であった。

　各国は感染症の拡大防止を目的に、様々な貿易制限措置を導入した。外国人の入国禁止、コロナ治療に用いる医療機器（PPE）やワクチン等の輸出制限や、医療関連物資ではないものの、コロナによる世界的なサプライチェーンの混乱を危惧して自国への供給確保を目的とした穀物等の輸出規制措置が一部の加盟国で導入された。

　この中には、ワクチンの輸出制限において特定国を優遇するなど、例外規定の濫用とみなされ得る措置も見られた。ワクチン配分のあり方については、WHOなど通商分野と異なったフォーラムで議論が進んでいるところであるが、通商ルールが規律する知的財産の保護とも密接に関連する問題でもある。

　また、国内でのPPEやワクチン不足に対応するために必要な医療資源の研究開発や生産設備の拡大に、WTOの補助金協定（SCM協定）との整合性が問われ得る補助金が交付された。

　さらに、パンデミック対策のカギを握るワクチンの配分では、グローバルなワクチンの衡平な配分を目的に、国際連合が主導してCOVAX等の国際ファシリティが設立された。しかし、先進国が自国で生産されるワクチンの輸出制限や製薬会社との直接契約など、こうした国際ファシリティを介さないワクチンの調達方法を選択した結果、ワクチンの配分が先進国に偏る事態が生じた。

　現行通商ルールが適切に各国の措置を規律して濫用を防止し、他方で各国が自国の感染症対策を十全に実施するために求める裁量を確保できたか、現行ルールを評価し、問題点を明らかにする必要がある。

　上記の観点から、本研究会では次の3点について検討を行った

1. パンデミックをきっかけにとられた貿易制限措置にはどのようなものがあるか

2. 上記措置は現行のWTOルール上どのように評価されるか。WTOルールは濫用を防止しつつ、各国に十全な感染対策を実施する裁量を与えていたか

3. ワクチンの適切な配分に関し、WTO、通商制度が果たすべき役割は何か

II　パンデミック対策に基づく貿易制限措置

1　輸出制限

⑴措置の概要

　各国でとられた措置は様々であるが、以下では米国、EU等の主要国を中心にパンデミック対策としてとられた措置を概観する。

①個人防護具（PPE）・医薬品：EU、ロシア

　2020年3月14日、EUは委員会実施規則2020/402（2020年3月14日）を制定し、6週間の間、PPEのEU域外への輸出には輸出許可が求められることとなった。対象とされたのは同規則付属書Iに列挙された保護メガネ及び保護バイザー、フェイスシールド、マスク等のPPEであり、EU域内を原産とするか否かを問わないこととされた。2020年3月21日、EUは、委員会実施規則2020/426（2020年3月19日）の適用範囲からノルウェー、アイスランド、スイス、グリーンランド及びフェロー諸島な

どを除外する改正をした。

　2020年4月26日、EUは、委員会実施規則2020/568（2020年4月23日）により、同輸出規制を30日間延長した。同規則は2020年5月25日に期限切れとなり、翌26日にEUによる同輸出規制は終了した。

　ロシアも2020年3月2日から同年6月1日にかけて、法令第223号（2020年3月2日）により、一部のPPEの輸出を禁止した。

②コロナワクチン：米国、EU、インド

〈米国〉

　2021年2月5日、米国は、国防生産法（Defense Production Act/DPA）に基づき、ワクチン製造の原材料について輸出よりも国内消費を優先することとし、ワクチン製造のための主要な原材料の輸出に事実上の制限を課した。DPAは、米国の安全保障は「国家防衛のための物資及びサービスを供給、並びに軍事衝突、自然災害又は人災、若しくはテロ行為に備え、対応する」国内生産基盤の能力にかかっているとしたうえで、米国の国防に関連する調達を優先させる権限を連邦機関に与えている[1]。ただし、これは原材料に係るものにとどまり、ワクチン自体の輸出禁止措置は実施されていない[2]。

〈EU〉

　2021年1月30日、EUは、委員会実施規則2021/111（2021年1月29日）により、6週間コロナワクチンの輸出に制限を課し、EU域外へのコロナワクチンの輸出には輸出許可が求められることとなった。本制度上、EU加盟国は、EUが締結している事前購入契約の履行に脅威を与える輸出量であるか否かを考慮して輸出を許可するものとされている[3]。その後EUは同輸出規制を2021年12月31日まで延長した。規則は2021年12月31日に期限切れとなり、2022年1月1日にEUによる同輸出規制は終了し、新たに輸出数量を監視するメカニズムが導入された。

　上記措置では、特定の輸出先を輸出許可から除外する規定が導入され

ていた（委員会実施規則2021/111 第1条5項）。ここでは連帯の原則（the principle of solidarity）が除外理由として掲げられ、EU非加盟の東欧諸国、EEA諸国、発展途上国等が措置から除外されている。

---

5. Based on the principle of solidarity[4], the following exports shall not be subject to the measures set out in paragraphs 1 and 2:

— exports to Republic of Albania, Andorra, Bosnia and Herzegovina, the Faeroe Islands, the Republic of Iceland, Kosovo, the Principality of Liechtenstein, Montenegro, the Kingdom of Norway, the Republic of North Macedonia, the Republic of San Marino, Serbia, the Swiss confederation, Vatican City State, the overseas countries, territories listed in Annex II of the Treaty of the Functioning of the European Union, and exports to Büsingen, Helgoland, Livigno, Ceuta and Melilla, Algeria, Egypt, Jordan, Lebanon, Libya, Morocco, Palestine (5) , Syria, Tunisia, Armenia, Azerbaijan, Belarus,
Georgia, Israel, Moldova and Ukraine.

— exports to low and middle income countries in the COVAX AMC list

—（以下略）

〈インド〉

　インドはかつてワクチン及びその原材料を世界に輸出していたが、国内での感染拡大が発生したことから、2021年4月に新型コロナワクチンの国外輸出を一時停止した。これによりインドからのワクチン輸出を期待していた諸外国はワクチンを入手できない事態に陥ったが、インド政府は公式に声明を発表しなかった。

その後国内の感染者数が減少し、2021年10月、インド外務省の報道官がおよそ半年ぶりにワクチンの輸出を再開したことを明らかにした。[5]

③農産物・食糧（小麦、米等）：ロシア、ウクライナ、ベトナム他

　ワクチンやPPEと異なり、パンデミック対策に直接関係するものではないが、今回のパンデミックにおいては、生産活動の停滞などによる農産品需給の逼迫に対して国内需要に対応した供給を確保するため、輸出制限も導入された。

〈ロシア〉

　2020年4月から6月にかけて、ロシアは穀物等の輸出制限措置を導入した。ロシア政府は、小麦及びメスリン、ライ麦、大麦並びにトウモロコシの4品目の穀物について、ユーラシア経済連合域外への上記期間の総輸出量を700万トンとする数量枠を導入した。その後、大豆については解除する一方、ヒマワリ種子は7月から8月まで輸出に許可制を適用したが、[6] 2020年7月から12月にかけて、ロシアは穀物等の輸出に制限を加えなかった。

　しかしパンデミックに伴う経済の減速等の中で、穀物、食物油、砂糖といった国民生活上不可欠な食糧が高騰し、ロシア政府は油糧種子及び穀物の輸出規制を含む消費者価格抑制措置を導入した。2020年12月、ロシア政府は2020年4月から6月に導入されていた措置の再導入を決定した。2021年1月から6月までの間、ヒマワリとナタネの輸出税を6.5%から30%に引き上げ、2021年2月から6月までの間、無税だった大豆に30%の輸出税を課すことを決定した。これは実質的に輸出禁止措置に近い高水準の輸出制限措置と評価されている。

　その後、2021年4月にナタネ及びヒマワリ種子の輸出税引き上げが2022年8月末まで延長され、ヒマワリ種子の輸出税率も50%に引き上げられた。大豆についても2021年5月に輸出税を2022年8月末まで延長する一方、税率を20%に引き下げることが決定された。[7]

　さらに穀物については、2020年12月、小麦・メスリン、トウモロコシ、大麦及びライ麦の4種の穀物を対象として、2021年2月～6月までの間、輸出関税割当制度を適用することを決定した。これは対象穀物のユーラシア経済連合域外への輸出に合計1,750万トンの輸出数量枠を設定し、その枠外の輸出に50%の輸出関税を課すというものである。

　ただ、施行前の2021年1月に変更が加えられ、2021年2月には「穀物ダンパー」と称される新たな措置が決定された。2021年6月2日から恒久的な適用を想定されたこの穀物ダンパーは、穀物の輸出価格の変動に応じて関税額が変動する「可変輸出関税」と輸出数量枠を組み合わせた仕組みとなっている[8]。その後2021年12月に、毎年度2月15日から6月30日までの間輸出数量枠が導入されること、及び穀物の輸出価格が上昇するほど強く輸出を抑制する仕組みとすべく、三段階の基準輸出価格を設定し指標輸出価格が各段階の基準輸出価格を上回るごとに輸出関税額の算出に用いられる係数が上昇する仕組みが導入されることが決定された[9]。

⑵措置のWTOルール整合性

　現行のWTOルールは国内でのPPE等の不足について加盟国の裁量に一定の配慮を払っているが、グローバルな感染爆発というWTO体制が未経験の事態の発生を受けて、そのルールをどのように解釈すべきか、不明確な点が浮き彫りとなった。

〈GATT第11条、第13条〉

　まず問題となるのが、WTOの原則1つである数量制限禁止との関係である。GATT第11条1項は輸出入に関する数量制限を禁止する。これには大きく2つの例外がある。まずGATT第11条に限った例外として、同条2項(a)は、輸出制限が(ア)「食料その他輸出締約国にとって不可欠の産品」の(イ)「危機的な不足を防止し又は緩和するために」(ウ)「一時的に課する」措置であれば、許容されるとする。もっともこれには条件が付

けられ、輸出制限は無差別に適用されなければならない（GATT第13条1項）。

GATT

第11条 数量制限の一般的廃止

1. 締約国は、他の締約国の領域の産品の輸入について、又は他の締約国の領域に仕向けられる産品の輸出若しくは輸出のための販売について、割当によると、輸入又は輸出の許可によると、その他の措置によるとを問わず、関税その他の課徴金以外のいかなる禁止又は制限も新設し、又は維持してはならない。

2. 前項の規定は、次のものには適用しない。

(a)輸出の禁止又は制限で、食糧その他輸出締約国にとって不可欠の産品の危機的な不足を防止し、又は緩和するために一時的に課するもの

（以下略）

第13条 数量制限の無差別適用

1. 締約国は、他の締約国の領域の産品の輸入又は他の締約国の領域に仕向けられる産品の輸出について、すべての第三国の同種の産品の輸入又はすべての第三国に仕向けられる同種の産品の輸出が同様に禁止され、又は制限される場合を除くほか、いかなる禁止又は制限も課してはならない。

（以下略）

ただ、第11条2項に於いて、PPEやワクチン、農産品のどの程度の範囲が「不可欠な物資」とされるか、また、「一時的」とはどの程度の期間を指すべきか、といった点が不明確であることが、今回のパンデミ

ックにおいて顕在化した点に留意すべきである。

〈GATT第20条〉

　次に、GATT全体の一般例外を定めるGATT20条がある。パンデミック対策では人の生命や健康の保護が措置の目的となるところ、同条(b)号は措置が「人、動物又は植物の生命又は健康の保護のために必要な措置」であり、柱書に該当しなければ例外として許容されると定める。

　以下、パンデミック関連の輸出制限措置は対象品目や制限の目的が異なるため、措置単位で分析を行う。

①PPE・ワクチン（EUの発動事例）

　PPEやワクチンの輸出規制が数量制限に当たることは明らかであり、GATT第11条1項に違反する。

〈GATT第11条2項(a)〉

　他方で、GATT第11条2項の例外規定との関係をみると、PPEやワクチンは感染防止に向けた重要な品目とされているため、(ア)「食料その他輸出締約国にとって不可欠の産品」といえると考えられる。ただし、PPEについてはその範囲が広く、品目によって感染症予防への貢献も様々であるため、「不可欠の」産品といえるかは問題になり得る。

　また、PPEやワクチンの製造能力には短期的には限りがあることから、輸出制限が(イ)「危機的な不足を防止し又は緩和するために」実施されているといえる。ただし、これは輸出が制限されるPPEやワクチンの具体的な製品の内容や備蓄量に依存する。例えば国内の備蓄が十分であれば「危機的な不足」とは言い難い事態も想定される。

　最後に、(ウ)「一時的に課する」ものであることは輸出規制がのちに撤廃されていることから該当しているものと考えられるが、EU措置は数カ月間継続されており、これは「一時的」でないとの批判もある。

　しかし、仮に措置がGATT第11条2項(a)の要件を満たすとしても、GATT第13条1項は、輸出規制の無差別適用を定めている。EU措置は

EEA 等のEU近隣国（スイス、アンドラ、バチカン市国等）や発展途上国を輸出許可から除外することで優遇しており、同条の条件を満たさないため、結局第11条1項の違反は免れない。

〈GATT 第20条 一般例外〉

　次にはGATT 第20条の一般例外による正当化が検討されることとなるが、EUの事例では近隣国と途上国という2つの優遇措置が存在し、優遇措置と政策目的の関係性が課題となる。

　まず近隣国については、EUは近隣国等を優遇する理由を連帯の原則と説明する。しかし、近隣国をその他の国に比べて優遇するこの理由は、EU域内の人の生命・健康の保護という政策目的と無関係である。したがって、GATT 第20条で正当化することは基本的には困難と考えられる。また、b号の「人の生命又は健康に必要な措置」の規定については、「人」の指す範囲が問題となり、これを近隣国民と解することは域外適用の問題を生じるため困難である。

　他方、EUの事情として域内に都市国家等の小国があることや、シェンゲン協定によってEUを超えた範囲での人の自由移動が実現しており（例えばスイス）、この範囲においては頻繁に人の移動が生じているため、これらEUへの移動の自由が保障されている外国民の生命・健康の保護が、結果として感染症の拡大を防止し、ひいては自国民の生命・健康の保護につながるとして正当化される可能性がある。この解釈について、パンデミックにおけるWTOルール明確化のため、ガイドライン等の形で規定することが考えられる。これによって、EU措置が謳う「連帯の原則」という抽象的な規定ではなく、よりGATT上の例外に合致する形での措置の形成を可能とすることが考えられる。

　途上国の優遇については、近隣国のようにEU域内の「人」の生命・健康の保護との関係性を説明できないため、正当化することは難しいと考えられる。因みに、途上国への対策としては、後に触れるCOVAX

等の国際的なファシリティを活用することが代替策として検討されるべきである。

②農産品・食糧（ロシアの発動事例）

ロシアの課した農産品・食糧の輸出規制は、数量枠という数量制限を導入するものであり、GATT11条1項に違反するといえる。

〈GATT第11条2項(a)〉

農産品・食糧が11条2項(a)にいう例外に該当するか否かが問題となるが、条文においても食料と例示されているとおり、ロシアが輸出を制限した農産品は(ア)「食料その他輸出締約国にとって不可欠の産品」とはいえよう。他方、(イ)「危機的な不足を防止し又は緩和するため」については、ロシアが危機的な食料不足の状況となっていたかは疑問である。既述の通り、ロシア措置は「国内の物価高対策」を目的としており、「危機的な不足の防止又は緩和」とはいいがたい。さらに、ロシア措置は中止を挟んだものの再導入を経て長期にわたって継続されており、(ウ)「一時的に課する」措置と言い得るかも疑問である。

結論として、ロシア措置については、(イ)「危機的な不足を防止し又は緩和するために」という要件を満たさない可能性が高いといえる。

〈GATT第20条　一般例外〉

また、このロシアによる措置のGATT第20条での正当化については、ロシア措置は物価高対策を主としており、GATT第20条のいずれの政策目的にも紐づけられない。国内の食料不足はまさにGATT第11条2項に基づいて対処すべき事例と言え、それが正当化されない以上、20条での対応も難しいと考えられる。

可能性としては、GATT20条(j)の「一般的に又は地方的に供給が不足している産品の獲得又は分配のために不可欠の措置」の該当性を主張することが考えられる。しかし、ロシアの対象品目が広範であり、政策目的も「物価高対策」であることから、措置が「不可欠」なものとは言

えないため、これを援用することは難しいと考えられる。

〈GATT第10条〉

　更に、ロシアは貿易規制の運用を頻繁に変更したが、この点をどう規律していくかについてもルール上の課題がある。この点、GATTは第10条で措置の公表及び施行に関する規律を定め、特に同条3項(a)は「法令、判決及び決定を一律の公平かつ合理的な方法で実施しなければならない」と規定している。しかし、このルールがロシア措置のような頻繁な制度変更にどの程度の規律を及ぼすのか明らかではない。

　従って、今後、ロシアの事例等を参考にして、パンデミック期において措置の予測可能性を担保するためのガイドライン（例えば、想定される措置の実施時期や期間、問い合わせ窓口や事前通報等を規定）を作成することが考えられる。

第10条　貿易規則の公表及び施行

1.　締約国が実施する一般に適用される法令、司法上の判決及び行政上の決定で、産品の関税上の分類若しくは評価に関するもの、関税、租税その他の課徴金の率に関するもの、輸入、輸出若しくはそれらの支払手段の移転の要件、制限若しくは禁止に関するもの又は産品の販売、分配、輸送、保険、倉入れ、検査、展示、加工、混合その他の使用に影響を及ぼすものは、諸政府及び貿易業者が知ることができるような方法により、直ちに公表しなければならない。また、国際貿易政策に影響を及ぼす取極で、いずれかの締約国の政府又は政府機関と他の締約国の政府又は政府機関との間で効力を有するものも、公表しなければならない。この項の規定は、締約国に対し、法令の実施を妨げ、公共の利益に反し、又は公的若しくは私的の特定の企業の正当な商業上の利益を害することとなるような秘密の情報の提供を要求するものではない。

---

2. 締約国が執る一般に適用される措置で、確立された統一的慣行に基いて輸入について課せられる関税その他の課徴金の率を増加し、又は輸入について若しくは輸入のための支払手段の移転について新たな若しくは一層重い要件、制限若しくは禁止を課するものは、その正式の公表前に実施してはならない。

3.

(a) 各締約国は、1に掲げる種類のすべての法令、判決及び決定を一律の公平かつ合理的な方法で実施しなければならない。

(以下略)

〈WTO農業協定〉

　農産物・食糧の輸出規制については、WTOの農業協定第12条1項(a)において輸入国の食料安全保障に妥当な考慮を払う義務が規定されるとともに、同項(b)において、措置の性質や期間等に関する通報義務が規定されている。しかし、今回、この通報義務が履行されず、輸入国の不安が解消されなかった。通報が履行されない結果、輸入国の通商における予見可能性がそがれ、結果として輸入国の不安を助長した側面は否めない。

WTO農業協定

第12条 輸出の禁止及び制限に関する規律

1. 加盟国は、1994年のガット第11条2(a)の規定に基づいて食糧の輸出の禁止又は制限を新設する場合には、次の規定を遵守する。

(a)輸出の禁止又は制限を新設する加盟国は、当該禁止又は制限が輸入加盟国の食糧安全保障に及ぼす影響に十分な考慮を払う。

(b)加盟国は、輸出の禁止又は制限を新設するに先立ち、農業に関する委員会に対し、実行可能な限り事前かつ速やかにそのような措置の性質及び期間等の情報を付して書面により通報するものとし、要

請があるときは、輸入国として実質的な利害関係を有する他の加盟国と当該措置に関する事項について協議する。輸出の禁止又は制限を新設する加盟国は、要請があるときは、当該他の加盟国に必要な情報を提供する。

2　輸入制限

⑴措置の概要
①物品貿易

　動物をはじめ物品貿易に対する衛生検疫（SPS）措置の強化は、パンデミックの予防、鎮静化に重要な政策手段となりうる。ロシアが中国産の生物（観賞用の昆虫や魚類等）を、モーリシャスが中国以外にもイランや韓国などパンデミック発生地域全般から家畜や動物を、それぞれ輸入禁止する措置がWTOに通報された[10]。

②サービス貿易（入国制限）

　日本、米国、EU他世界中の多くの国がパンデミック対策を理由として、入国制限を導入した。後述の通り、入国制限は人が移動（入国）してのサービス提供を制限するため、サービスの輸入制限という側面を有する。

⑴日本

　2020年3月、日本政府は、パンデミック対策を理由として、査証の効力の停止、査証免除措置の停止、入国制限、入国者に対する待機及び公共交通機関の不使用要請を実施した。同年4月には「水際対策強化に係る新たな措置」が決定され、入国拒否対象地域に新たな49カ国の国と地域が追加され、全ての国と地域からの入国者にする検疫が強化された。

　その後段階的に措置が緩和され、2022年6月から観光目的の新規入国受け入れ再開を含む入国制限の緩和が実施され、2022年10月にはさら

に入国制限を大幅に緩和した[11]。

(ii)米国

　2020年1月、保健福祉省は緊急事態の宣言に伴い、過去14日以内に中国に渡航した外国人の入国を拒否するとした[12]。翌2月29日、3月2日以降、感染者が急増しているイランに直近14日間以内に滞在歴のある外国人の入国を停止する大統領令を発表した。さらに3月11日には英国を除く欧州からの渡航を制限する大統領令を発表した。

　2021年11月8日、新型コロナウイルスワクチンの接種証明の提示などを条件に、外国人観光客の入国制限が緩和された。

　2022年6月10日、米国は空路で入国する渡航者に義務付けている新型コロナウイルス陰性証明書の提示義務の撤廃を表明し、同措置は現地時間6月11日に終了し、12日からは「入国前1日以内」に行ったPCR検査証明書の提示が不要となる[13]。

　2023年、中国国内で施行されていた“ゼロコロナ政策”の撤回後に感染者が急増した状況を受け、米国政府は1月5日に入国制限を強化[14]。中国籍および過去7日間に中国・香港・マカオで滞在歴がある人に対し、米国出発前2日以内に行ったPCR検査による陰性証明書の提示を義務付けた。3月8日、これを撤廃する方針を表明。政府高官は規制緩和にあたり、「中国政府は新型コロナウイルス感染拡大に関する透明性が欠如し、公開されたデータも信憑性に欠けていた。入国制限の強化は米国民を守るために必要な措置であり、今後も感染状況を注視し警戒を強める」とコメント。3月9日に撤廃され、3月10日以降は新たな変異株の早期発見に主眼を置き、一部の空港で任意による遺伝子追跡検査（ゲノム解析）を行うこととされた。今後は中国内のハブ空港から到着した渡航者をランダムに抽出し、PCR検査または抗原検査を求める方針である。

(iii)EU

　2020年3月、欧州委員会により、第三国からEU域内への不要不急の

渡航に30日間の一時的な制限を課す指針が公表され、6月15日まで延長された。指針は、入国拒否基準として、関係する症状がある又は感染リスクに特にさらされており、かつ公衆衛生に対する脅威と考えられる住民ではない者、非EU国民に適用されるとし、EU加盟国及びシェンゲン協定加盟国の国民、その家族、並びにEUに長期間在住している非EU国民は家への帰還目的であれば例外とされた。

2020年6月30日、理事会は2020年7月1日から日本を含む14カ国からの渡航制限を解除するよう勧告した。

(2)措置のWTOルール整合性

①物品貿易

物品貿易に関する検疫措置については衛生植物検疫措置（SPS）協定が適用され、加盟国の公衆衛生上の関心や規制裁量を尊重しつつ、保護主義的に濫用されることを防止している。SPS協定は措置が科学的証拠・原則に基づく必要性を規定している（第2条2項）。ただし、新型コロナウイルスのような未知の病原体については、科学的知見が不足している場合も多い。このよう場合を想定し、SPS協定では、科学的証拠が十分でなくとも予防的な暫定措置を取ることが妨げられないと定められているが、科学的知見のアップデートに伴い暫定措置を見直すことが条件となる（第5条7項）。

第2条　基本的な権利及び義務

（中略）

2. 加盟国は、衛生植物検疫措置を、人、動物又は植物の生命又は健康を保護するために必要な限度においてのみ適用すること、科学的な原則に基づいてとること及び、第5条7に規定する場合を除くほか、十分な科学的証拠なしに維持しないことを確保する。

第5条　危険性の評価及び衛生植物検疫上の適切な保護の水準の決定
（中略）

7. 加盟国は、関連する科学的証拠が不十分な場合には、関連国際機
関から得られる情報及び他の加盟国が適用している衛生植物検疫措
置から得られる情報を含む入手可能な適切な情報に基づき、暫定的
に衛生植物検疫措置を採用することができる。そのような状況にお
いて、加盟国は、一層客観的な危険性の評価のために必要な追加の
情報を得るよう努めるものとし、また、適当な期間内に当該衛生植
物検疫措置を再検討する。

　この場合、危険性評価の実施に足る科学的証拠は不十分でも、少なく
とも具体的な危険が存在する可能性を示す証拠、およびその危険に関す
る情報と暫定的措置の間に合理的・客観的な関係は必要となる（US-
Hormone Suspension (Appellate Body), DS320, paras.530, 678)[17]。先述の
ロシアによる中国からの観賞用生物の輸入禁止や、モーリシャスによる
パンデミック発生地域からの家畜等の輸入禁止は、当初新型コロナウイ
ルスの生物から人への感染可能性が指摘され、かつ措置も暫定的な適用
であったことから（現在は廃止）、是認できると考えられる。

②入国制限

　入国制限措置は人の移動の自由を制限するから、サービスに関する一
般協定（GATS）の規律するサービス貿易のうち、人の移動を伴うもの
（第4モード）を制限することになる。GATS上特に問題となるのは、
GATS16条（市場アクセス）である。GATSでは市場アクセスに関する
自由化は加盟国のコミットメントに基づくため、サービス約束表で自由
化を約束したサービスおよびモードについてのみ、GATSとの整合性が
問題となる。

　したがって、加盟国が約束表でモード4の自由化を約束しているサー

ビスがある場合、サービス提供に必要な外国人の入国を禁止することが、GATS16条に違反することとなる。

　ただし、GATT同様、GATSにも違反を正当化する一般例外がある。GATS第14条b号では、GATT第20条b号と同じく、人や動植物の生命・健康保護に関する例外があり、サービスに対する制限も公衆衛生上必要な措置と認めれば、例外として許容される。入国制限については、おおむねこれに該当すると考えられるため、入国制限によるWTOルール違反は正当化されるものと考えられる。ただし、例えば特定国のみを理由なく差別する入国制限など、必要性が認められないと考えられる場合もある。

3　補助金措置

⑴措置の概要

　Ⅱ1で見た通り、ワクチンやPPEは多くの国で短期的に国内市場での不足を生じさせており、これに対抗すべく、日本、米国、EU等がワクチン、PPEの製造装置に対して補助金を拠出することで、その供給力を向上させようとした。

①日本

　2020年6月より、感染症の流行阻止・重症化予防に必要なワクチンを可能な限り迅速に製造し、国民のために確保するため、ワクチンを含むバイオ医薬品の生産体制整備を目的とした補助金を交付し、2020年6月から2022年10月にかけて、第4次にわたる公募が実施された。

　これは、国内で製造される（又は計画されている）部素材及びその原材料について、ユーザーとなる医薬品メーカーが医薬品製造への採用可否を判断するための材料となる品質等のデータ（安全性・適合性、物理特性、製品機能など）の取得に必要な経費を支援することで、新型コロ

ナワクチン等の国内製造よる早期の安定供給を促進するものである。

　また、2021年6月には「ワクチン生産体制強化のためのバイオ医薬品製造拠点等整備事業」が閣議決定され、2022年9月30日17件の採択（約2,265億円）が発表された[18]。また2023年3月9日には2次公募が予告され[19]、今後の変異株や新たな感染症への備えとして、平時は企業のニーズに応じたバイオ医薬品を製造し、有事にはワクチン製造へ切り替えられるデュアルユース設備を確保する[20]。さらに、ワクチン製造に不可欠な製剤化・充填設備や、医薬品製造に必要な部素材等の製造設備への支援を行うこととされた。

②米国

　2020年5月、福祉保健省（HHS）が、ワクチン開発加速化を目的とした「Operation Warp Speed」を開始した[21]。2021年4月8日に公表された米議会予算局（CBO）の報告書「医薬品産業の研究開発（Research and Development in the Pharmaceutical Industry）」によると、政府がワクチン及び治療薬の研究・開発・製造及び購入などに助成した金額は2021年3月2日時点で192億8300万ドルに上る[22]。

③EU

　2020年3月、新型コロナによる経済への甚大な影響を緩和するため、加盟国が通知した国家補助を欧州委員会が通常より柔軟な基準の下で承認する「暫定国家補助枠組み（The State Aid Temporary Framework）」を採択した[23]。同枠組みは2022年6月末に一部の例外を残して原則終了した[24]。

　欧州委員会競争総局は2022年10月17日、EU加盟国が実施した補助金政策について総括した「新型コロナ暫定国家補助枠組み報告書」を公表した[25]。これによると、2020年3月から2021年末までの期間で、新型コロナ対策としての暫定国家補助枠組みの下で承認されたEU加盟27カ国（EU離脱の移行期間中だった英国を除く）の国家補助策は少なくとも865件あり、総額約3兆1,000億ユーロである。

このうち、既に補助金として拠出された額は9,400億ユーロで、これは年換算するとEUのGDPの約3.4％に相当する。

⑵措置のWTOルール整合性

補助金に関するWTOルールとして、補助金及び相殺措置に関する協定（SCM協定）がある。補助金協定は、無条件で禁止されるレッド補助金と、一定の場合に禁止されるイエロー補助金を定めている。レッド補助金には輸出補助金（輸出を条件として交付される補助金）および国内産品優先補助金があるが、上記補助金は輸出を条件とするものでも国内産品を優遇するものでもないから、問題となるのはイエロー補助金該当性である。

イエロー補助金は条件付きで違法とされる補助金であり、SCM協定上、特定性のある補助金が「著しい害」をもたらしている場合には、他のWTO加盟国は当該補助金の撤廃又はその悪影響の除去を求めて、紛争解決手続に付託できる。

グローバルに供給が不足する産品に関する生産設備への補助金であれば、それは国内市場における供給不足を補うものであって、国内市場の輸入品に損害を与えないため、イエロー補助金には該当せず、補助金協定上の問題とはならない。

しかし、設置した設備等がパンデミック収束後も存続し、補助金の交付で生産された製品が、国内市場で輸入品と競合する場合や、外国市場に輸出されて第三国市場で輸入国製品や他の輸入品と競合する場合、損害を生じる可能性がある。

なお、WTOの補助金協定にはGATT第20条のような例外規定がないため、公衆衛生上必要な補助金であったとしても、損害と因果関係の有無という経済的要因のみにもとづいて損害の有無、ひいてはWTOルールとの整合性が判断される。

第4章　パンデミック分野

⑶現行ルールの問題点

　SCM協定に違反する場合には、WTO紛争解決手続の利用のほか、各国は貿易救済措置、特に補助金相殺関税を課すことで対処できる。ただし、補助金が交付されていることを相殺関税において証明する必要があるが、パンデミックに関連した補助金を含む補助金一般について、通報義務が順守されておらず透明性が欠如し、結果として相殺関税の賦課が難しくなっている現実がある。

⑷パンデミック対策の補助金の在り方

　前述の通り、パンデミック対策として導入された補助金の効果が、パンデミックを超えて持続し通常の市場において歪曲を生じることがあり得る。市場歪曲の是正は、一義的には輸入国による貿易救済措置の発動が考えられる。このため、現行の補助金通報義務の遵守を図って透明性を高め、現在のコロナ対策関連の監視制度においても、補助金を含めた監視を継続していくことが必要である。

　但し、通報義務の履行状況などを踏まえれば、今後再び到来する可能性が否定できないパンデミック、感染症対策に関しての緊急開発活動はもとより、予防的措置や医療関連品の製造設備投資などに対する各国政府の支援措置について、従来通りの枠組みや制度の考え方をそのまま踏襲するのではなく、今回の教訓を踏まえ、通商ルールの観点から新たな措置や枠組みを検討すべきと考えられる。

Ⅲ　ワクチン配分

　冒頭述べた通り、パンデミック初期において、製造能力の先進国への偏りと輸出制限により、グローバルなワクチン配分が先進国に偏ったことは否定できない。この点については、衡平なワクチン配分を行う国際メカニズムの創設と、ワクチン製造の拡大に向けた個別国におけるウェ

ーバーや強制実施という2つのアプローチが取られた。

1 衡平なワクチン配分を行う国際メカニズムの創設

⑴COVAXファシリティの設立とその限界

　今回のパンデミックにおいては、欧米の複数の製薬会社によって新型コロナワクチンが開発された後も、ワクチン製造能力の制約から、グローバルに供給不足が生じた。これによって輸出制限が導入されるとともに、製薬会社は先進国に偏在しているため、LDCを含む途上国へのワクチン供給が懸念された。

　そこで、ワクチンの国際的に衡平な配分を目指して複数の国際的なファシリティが創設された。中でも、国連主導で導入されたCOVAXファシリティが著名である。その概要は下図の通りとなる。COVAXファシリティは、高・中所得国が自ら資金を拠出し、自国用にワクチンを購入する枠組みと、ドナー（国や団体等）からの拠出金により途上国へのワクチン供給を行う枠組みを組み合わせている。高・中所得国は拠出金をCOVAXに支払い、拠出金は開発や製造設備整備に使われる。以上

図表　COVAXファシリティの概要[27]

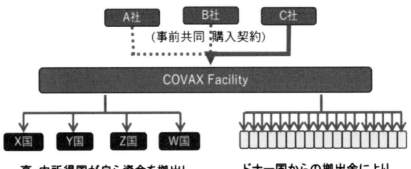

を通じて、同ファシリティは高・中所得国を含む国際的に公平なワクチンの普及に資するとしている。

　しかし、先進国は自国民の接種に向けたワクチン確保を優先するため、COVAXを介したワクチン購入をせず、国家が直接に製薬会社とワクチン供給契約を締結した。例えば、EUはワクチン製造者の1社であるファイザー社とワクチン供給契約を締結し[28]、また、日本では菅総理大臣（当時）がファイザー社CEOと電話協議を実施し、ワクチンを確保するなどしている[29]。結果、資金力や交渉力に勝る先進国の早い者勝ちの供給状況となり、上記のスキームは想定された通りには機能しなかったといえる。

⑵WTOの役割

　パンデミックのように特定産品に急にグローバルに需要が拡大する場合、短期的に不足する不可欠物品をどう配分すべきかは経済的考慮だけで判断できず、感染防止に向けた適切性などの考慮が求められる。経済効率的な資源配分を目指す通商制度が、資源配分の決定役を担うことは難しい。

　適切な配分の決定役は他の国際制度、例えば交渉中のWHOにおけるパンデミック条約やIHRの改正に委ね、WTO、通商制度の役割は、決定された配分システムに関し、通報制度を活用した貿易の透明性向上や各国の恣意的な措置の導入防止など、貿易の円滑化の実現にある点を明確にすべきである。

2　ワクチンに係る特許権の実施問題

　ワクチン供給を確保するため、各国はワクチン製造に向けて特許の実施に向けた動きを見せた。

　特許の保護はWTO協定の1つであるTRIPS協定が規律しているが、TRIPS協定上の特許の保護義務と両立する形として次の2つが考えられ

る。1つは、特許の強制実施である。強制実施はTRIPS協定第31条に規定されており、事前に特許権者の許諾を得る義務、特許権者が適当な報酬を受ける、など種々の条件が付されている。もう1つは、TRIPS協定上の義務について、義務免除（ウェーバー）での対応である。

(1)特許の強制実施

①措置の概要

TRIPS協定第31条によれば、加盟国は一定の条件の下、特許権者の許諾を得ず特許発明を実施する権利を第三者に認めることができる。これが強制実施と呼ばれる制度であるが、今回のパンデミックにおいては、従来から強制実施に積極的であったインドなどの途上国に加え、ドイツ、カナダ等の先進国がワクチン等のパンデミック対策関連特許の強制実施に向けて国内法の整備を実施した。

TRIPS協定　第31条　特許権者の許諾を得ていない他の使用
加盟国の国内法令により、特許権者の許諾を得ていない特許の対象の他の使用（政府による使用又は政府により許諾された第三者による使用を含む。）（注）を認める場合には、次の規定を尊重する。

（注）
「他の使用」とは、前条の規定に基づき認められる使用以外の使用をいう。

(a) 他の使用は、その個々の当否に基づいて許諾を検討する。

(b) 他の使用は、他の使用に先立ち、使用者となろうとする者が合理的な商業上の条件の下で特許権者から許諾を得る努力を行って、合理的な期間内にその努力が成功しなかった場合に限り、認めることができる。加盟国は、国家緊急事態その他の極度の緊急事態の場合又は公的な非商業的使用の場合には、そのような要件を免

除することができる。ただし、国家緊急事態その他の極度の緊急
事態を理由として免除する場合には、特許権者は、合理的に実行
可能な限り速やかに通知を受ける。公的な非商業的使用を理由と
して免除する場合において、政府又は契約者が、特許の調査を行
うことなく、政府により又は政府のために有効な特許が使用され
ていること又は使用されるであろうことを知っており又は知るこ
とができる明らかな理由を有するときは、特許権者は、速やかに
通知を受ける。

(c)　他の使用の範囲及び期間は、許諾された目的に対応して限定さ
れる。半導体技術に係る特許については、他の使用は、公的な非
商業的目的のため又は司法上若しくは行政上の手続の結果反競争
的と決定された行為を是正する目的のために限られる。

(d)　他の使用は、非排他的なものとする。

(e)　他の使用は、当該他の使用を享受する企業又は営業の一部と共
に譲渡する場合を除くほか、譲渡することができない。

(f)　他の使用は、主として当該他の使用を許諾する加盟国の国内市
場への供給のために許諾される。

(g)　他の使用の許諾は、その許諾をもたらした状況が存在しなくな
り、かつ、その状況が再発しそうにない場合には、当該他の使用
の許諾を得た者の正当な利益を適切に保護することを条件として、
取り消すことができるものとする。権限のある当局は、理由のあ
る申立てに基づき、その状況が継続して存在するかしないかにつ
いて検討する権限を有する。

(h)　許諾の経済的価値を考慮し、特許権者は、個々の場合における
状況に応じ適当な報酬を受ける。

（以下略）

特許の強制実施を可能とする場合、上記TRIPS協定第31条のもとでは、強制実施の結果ライセンスをうけた第三者が製造販売する場合には、「主として当該他の使用を許諾する加盟国への国内市場へ供給のために許諾される。」（同条(f)）とされているが、真に当該特許薬品の使用が必要な国にライセンスを受けて製造できる国内産業がない場合があった。

このような問題は特にエイズ特効薬やマラリア薬等について指摘されていた。2005年12月に上記のような場合に(f)との抵触を避けるべく、下記の第31条の2を追加する改正議定書がWTO一般理事会により採択され、2017年に発効した。[30]

エイズ特効薬等と同様、下記の規定を活用することで、強制実施を導入したものの、国内産業では製造できない諸国はインド等に製造を委託し、それを輸入することができる。

TRIPS協定　第31条の2

(1)　前条(f)に規定する輸出加盟国の義務は、この協定の附属書の(2)に定める条件に従い、医薬品を生産し、及びそれを輸入する資格を有する加盟国に輸出するために必要な範囲において当該輸出加盟国が与える強制実施許諾については、適用しない。

(2)　この条及びこの協定の附属書に規定する制度の下で輸出加盟国が強制実施許諾を与える場合には、当該輸出加盟国において許諾されている使用が輸入する資格を有する加盟国にとって有する経済的価値を考慮して、当該輸出加盟国において前条(h)の規定に基づく適当な報酬が支払われる。輸入する資格を有する加盟国において同一の医薬品について強制実施許諾を与える場合には、同条(h)に規定する当該輸入する資格を有する加盟国の義務は、輸出加盟国において前段の規定に従って報酬が支払われる当該医薬品については、適用しない。

（以下略）

②課題と対応の方向

　TRIPS協定における強制実施の規定は先進国と途上国の妥協によって生まれたため、手続的な要件が多く規定される一方、例えば特許権者が受け取るべき報酬の水準といった実質的な要件は解釈に委ねられ、不明確である。結果、義務違反を恐れる萎縮効果や通商紛争が生じる可能性がある。

〈支払うべき適当な報酬等の明確化〉

　TRIPS協定の強制実施権に関する規定（第31条）は実施手続を定めてはいるが、パンデミックの文脈において強制実施が認められる「国家緊急事態その他の極度の緊急事態の場合」とは何か、特許権者が受ける「個々の場合における状況に応じ適当な報酬」とは何か、といった要件が明確にされていない。

　上記文言を明確にすることが紛争予防や、紛争懸念による萎縮効果を排除した強制実施の活用につながる。例えば、「極度の緊急事態の場合」とは、WHOにおけるパンデミック宣言や国内における感染者数の急増、医療資源のひっ迫などを指す事が考えられる。この点は後掲のMC12の閣僚声明において現在のパンデミックを含むことが明確化されている。

　もっとも、上記の内容を完全に限定列挙することは難しいため、将来起こり得る新たなパンデミックにおいて柔軟な解釈ができるよう、一般化した形式でまとめる必要もある。そして、ある程度の明確性を与えることで予測可能性を担保し、適法な強制実施を妨げる萎縮効果を回避しつつ、将来の多様な可能性に対する開かれた解釈上の柔軟性を担保できるよう、さらなる検討が求められるといえる。

　「適当な報酬」について、現行のプラクティスでは、強制実施時の報酬は通常支払われるライセンス料の数％程度と非常に安価に抑えられ

ている。報酬の設定が非常に安価であれば、製薬企業が特許ではなくノウハウとして非公開を選択し、独占が強まる懸念がある。他方、これを市場価格として、例えば類似特許又は競合特許の市場におけるライセンス料、当該薬品特許の分野における平均的ライセンス料、すなわち、ライセンス市場価格の平均値を根拠に算定するようなことになればやはり途上国の合意を得ることが難しい。

　実際の解決には以上2つの要請の間に妥協点を見出すほかないが、この際に、事案の切迫度や製薬企業における開発費用の回収の度合い（既に先進国市場で回収ができていれば報酬を安価にできる等）、様々な要素を考慮していく必要がある。

　この点、後述する2022年6月の閣僚声明における決定が、「人道的及び非営利目的を考慮できる」としている。これが各国でどのように実施されていくかを注視し、その評価も踏まえてさらに一般化した検討を進める必要がある。この点についても、上記の「極度の緊急事態の場合」と同様、明確性の確保と柔軟性の均衡を取った解釈について、さらに検討を続ける必要がある。

〈製造方法等のノウハウ〉

　また、今回のCOVID-19に関するワクチンはメッセンジャー RNAを用いており、従来のワクチンと異なっている。そのため、特許の放棄に加え、ワクチンの製造方法や輸送方法（低温での保管や輸送）等のノウハウの共有がないと、途上国でワクチンを製造・輸送できないことが懸念され、強制実施が効果を上げられるか不透明である点も課題である。

(2)ウェーバー

　WTOルール上、加盟国の四分の三による議決で義務の免除（ウェーバー）を行うことが認められている（マラケシュ協定9条3項）。インドと南アフリカはこの規定を活用し、WTOにおいてワクチン特許保護に関するTRIPS上の義務免除（ウェーバー）を提案し、米国も支持を表明、

2022年3月には3国での妥協案に達した。[31]

　他方、EUはⅢ2(1)で述べたように、ワクチン製造の障壁は流通や製造方法ノウハウなど、特許だけに限られないとして、ウェーバーに反対の立場を示していた。[32]

　2022年3月15日、ウェーバーに賛成するインド、南アフリカ、米国と反対派のEUは、事務局長の仲介の元、コロナワクチンに関するWTOウェーバーに関する主な要素について暫定合意に至ったと発表し、[33] 同年6月の閣僚会議（MC12）にて正式に合意された。[34]

　主な内容は以下の通りであるが、強制実施に関するTRIPS協定31条についていくつかの義務を免除するものとなっているため、結果として強制実施の議論がウェーバーの議論に合流した形となっている。

○実施可能国：すべての途上国

　ただし、既にワクチン製造能力を有する諸国はこれを利用しない拘束力ある宣言を行うことを奨励される

○実施期間：5年間

○対象となる特許：COVID-19ワクチンの製造及び供給に関する特許のうち、パンデミック対策に必要な範囲。ワクチン製造に必要な原材料や製造方法を含む。

○TRIPS協定31条に係る義務免除：

—特許実施者に対し権利者から許諾を得る努力をする義務を免除（第31条(b)）

—適切な報酬における経済価値以外の考慮：手の届く価格でワクチンを製造・供給することを支援するため、ワクチンへの公平なアクセス提供を目的とした特定のワクチン配布プログラムの、人道的及び非営利目的を考慮できる。適切な報酬を設定する際、適格国は、国家緊急事態、パンデミック又は類似の状況における既存のプラクティスを考慮できる（第31条(h)）

○TRIPS理事会への強制実施に関する通報義務

　以上について、ウェーバーに反対の立場であったEUも、投資、研究開発、技術移転のためのインセンティブを備えた知的財産枠組を維持するもので、特にアフリカ地域におけるワクチン製造能力強化に裨益するといった観点から、支持を表明している[35]。

　一方、国際製薬団体連合会（IFPMA）はTRIPSウェーバーに関して十分なワクチンの生産量が得られている現状では、時機を失した不要な解決策であり、COVID-19に取り組むための数多くのパートナーシップ、自主的なライセンス供与および知識共有などの枠組みを解体するものであると失望感を露わにし、より良いアプローチは、貿易障壁の除去、流通上の課題への対処、医療システムの強化など、ワクチンへのアクセスに対する真の課題に焦点を当てることだと表明している[36]。

　また現時点で知的財産を不当に制限する具体的な動きは確認されていないが、今後、緊急事態を名目に本協定が許容する範囲を超えて知的財産を制限する措置を参加国が講じないかについても、引き続き注視すべきである。

Ⅳ　基本的対応の方向性

　今回のパンデミックはWTOを中心とする国際通商ルールのあり方に様々な問題を投げかけた。緊急時に必要なリソースを調達するメカニズムや法的な枠組みが整備されていない中でパンデミックが発生し、各国が自国の危機に対処するために貿易制限的な措置を導入した。一部の国では医療関連物資に限らず、食料などの重要物資の国内供給確保のための輸出規制も行われた。

　果たしてこれらはWTO協定上、正当化されるのか。本研究会では、先ずその検証が必要であると位置づけた。しかし、その一方で、想定を

超えた事態に直面し、現行ルールが緊急時の貿易や投資措置の障害になった側面があったかどうかも併せて視野に入れて検討を行った。例えば、補助金協定、TRIPS協定の知財活用の在り方、更には貿易制限措置の正当化の論拠や限界など、様々な問題が指摘されたためである。

　現行のWTOルールは一定程度、パンデミックにおける例外的措置を認めており、結果として今回は通商ルール上の深刻な問題が生じたとの認識はない。しかし、今回の事態を教訓として、従来のルールや解釈論だけではパンデミックに対応することは困難であることが示されたものと考えられる。次のパンデミックに備えた現行WTO協定の制度的なあり方に関する議論が必要ではないか、との認識が共有されたのではないかと思われる。

　勿論、緊急時の枠組みを徒に緩和し、例外規定が安易に援用され、保護主義的な措置の濫用につながることを防止する必要があることは論を俟たない。

　他方で、そうした視点に止まることなく、もっと積極的に緊急事態時の対応措置又は準備措置に関し、WTOルールの更なる進化を進めるべきであろう。例えば、本報告書でも触れた通り、従来の補助金協定の枠組みでは各国のコロナ対策のための補助金の正当化は厳しい面があるが、健康上の緊急的措置としてのクライテリアを設けるなどの措置が必要であるものと考える。

　今回はワクチンの分配に偏りが生じたことが大きな問題となったが、公衆衛生の分野では、今後とも、こうした人権規範的な要素が大きな位置を占めていくことが想定される。

　グローバルな調整メカニズムを導入しようとの問題意識から、「パンデミック条約」の議論が進められようとしているのはその証である。

　そうした中で、公平な分配という市場の失敗の補正に関し、どこまでがWTOのミッションなのか。公平な配分ルール及び配分システムの構

築にWTOが介入し得る余地はどの程度あるのか、といった視点も重要である。

WTOは、WHOなどで決まった国際協力の円滑な実施を阻害するようなことがあれば見直す必要があり、そうした方向でのルール整備を目指すべきではないか、と考える。

例えば、WHOがパンデミック宣言を出す際に、通商ルール的側面から医療機器、消毒液等の流通の障害になるような認定制度等の一時的停止措置などの貢献策の検討が重要であろう。

本報告書は、2020年から始まったパンデミックの事態に際し各国や機関がとった行動やルール上の整理などを行い、国際機関間の役割分担の在り方を念頭に、パンデミックの再来に備えての通商ルールのあり方などに、基本的な問題提起を行ったものである。関係各方面で更なる議論の深掘を期待したい。

【注】

1　https://www.asil.org/insights/volume/25/issue/10#_edn13
2　https://www.ft.com/content/82fa8fb4-a867-4005-b6c2-a79969139119
3　https://www.meti.go.jp/policy/trade_policy/wto/3_dispute_settlement/32_wto_rules_and_compliance_report/322_past_columns/2021/2021-2.pdf
4　下線を追加
5　https://www.nytimes.com/2021/03/25/world/asia/india-covid-vaccine-astrazeneca.html
6　https://www.maff.go.jp/primaff/kanko/project/attach/pdf/210331_R02cr05_05.pdf
7　https://agriknowledge.affrc.go.jp/RN/2039018390.pdf
8　https://www.maff.go.jp/primaff/kanko/project/attach/pdf/210331_R02cr05_05.pdf
9　https://agriknowledge.affrc.go.jp/RN/2039018390.pdf
10　川瀬剛志「新型コロナウイルスと国際通商ルール」（https://www.rieti.go.jp/jp/special/special_report/115.html）

11　「水際対策強化に係る新たな措置（34）（外国人の新規入国制限、入国時検査、入国後待機及び入国者総数の管理の見直し）」（令和4年9月26日）（https://www.mhlw.go.jp/content/000993077.pdf）。

12　JETRO「米政府、新型コロナウイルス拡散を受け緊急事態を宣言、中国滞在歴ある外国人の入国停止」（2020年2月3日）（https://www.jetro.go.jp/biznews/2020/02/2bbc1566fcf0d1ea.html）。

13　ESTA online center「【2023年3月11日更新】アメリカ政府が入国制限を緩和　2022年6月12日より陰性証明書の提示義務が不要に」（https://esta-center.com/news/detail/029000.html）。

14　ESTA online center「【2023年3月最新】新型コロナウイルス　アメリカ入国制限と対象国の最新情報」（https://esta-center.com/news/detail/990100.html）。

15　European Commission, Press release, Coronavirus: Commission invites Member States to extend restriction on non-essential travel to the EU until 15 June, 8 May 2020（https://ec.europa.eu/commission/presscorner/detail/en/ip_20_823）

16　European Council, Press release, Council agrees to start lifting travel restrictions for residents of some third countries, 30 June 2020（https://www.consilium.europa.eu/en/press/press-releases/2020/06/30/council-agrees-to-start-lifting-travel-restrictions-for-residents-of-some-third-countries/）

17　川瀬剛志、前掲論文（https://www.rieti.go.jp/jp/special/special_report/115.html）

18　https://www.meti.go.jp/information/publicoffer/saitaku/2022/s220930002.html

19　https://www.meti.go.jp/information/publicoffer/kobo_yokoku/2023/ky230309001.html.

20　https://www.cas.go.jp/jp/seisaku/vaccine_kyouka/dai2/siryou2-5.pdf.

21　Trump Administration Announces Framework and Leadership for 'Operation Warp Speed'（https://www.defense.gov/News/Releases/Release/Article/2310750/trump-administration-announces-framework-and-leadership-for-operation-warp-speed/）

22　https://www.cbo.gov/publication/57126

23　https://competition-policy.ec.europa.eu/state-aid/coronavirus/temporary-framework_en.

24　https://ec.europa.eu/commission/presscorner/detail/en/statement_22_2980.

25　https://www.jetro.go.jp/biznews/2022/10/16f6e1d1c2d33d32.html.

26 経済産業省「不公正貿易報告書」（2023年版）、308-309頁参照

27 厚生労働省「COVAX ファシリティ（COVID-19 Vaccine Global Access Facility）への参加について」（https://www.mhlw.go.jp/content/10501000/000672596.pdf）

28 https://jp.reuters.com/article/health-coronavirus-eu-pfizer-idJPKBN2CA235

29 https://www.asahi.com/articles/ASP4M3FHFP4MUTFK002.html

30 外務省「「知的所有権の貿易関連の側面に関する協定を改正する議定書」について」（https://www.mofa.go.jp/mofaj/gaiko/treaty/treaty166_11_gai.html）

31 https://ustr.gov/about-us/policy-offices/press-office/press-releases/2022/march/statement-ustr-spokesperson-adam-hodge-wto-trips-waiver-discussions

32 https://www.jetro.go.jp/biz/areareports/2021/48d7cf40c1dd0dab.html

33 "U.S., EU, India, S.Africa reach compromise on COVID vaccine IP waiver text"（https://www.reuters.com/business/healthcare-pharmaceuticals/us-eu-india-s-africa-reach-tentative-pact-covid-vaccine-ip-waiver-sources-2022-03-15/）

34 https://docs.wto.org/dol2fe/Pages/SS/directdoc.aspx?filename=q:/WT/MIN22/W15R2.pdf&Open=True

35 https://ec.europa.eu/commission/presscorner/detail/en/ip_22_3792

36 Research-based biopharmaceutical industry on the TRIPS waiver discussions at WTO Ministerial Conference (MC12) (https://www.ifpma.org/news/research-based-biopharmaceutical-industry-on-the-trips-waiver-discussions-at-wto-ministerial-conference-mc12/)、Pharmaceutical industry expresses deep disappointment with decision on waiving intellectual property rights adopted at the World Trade Organization Ministerial Conference（https://www.ifpma.org/news/pharmaceutical-industry-expresses-deep-disappointment-with-decision-on-waiving-intellectual-property-rights-adopted-at-the-world-trade-organization-ministerial-conference/）

装丁・組版 ● 星島正明

一般財団法人 国際経済連携推進センター
（CFIEC：Center for International Economic Collaboration）

我が国の国際経済上の課題に対応し、経済・技術の交流、デジタルデータ流通の拡大等を通じた海外諸国との連携を推進することにより、我が国の経済社会のグローバルな発展に資することを目的とし、各種調査研究・事業を展開している。

● https://www.cfiec.jp/

国際通商ルールの最前線
非貿易的関心事項と自由貿易の相克—緊張と調和—

令和5年11月14日　第1刷発行

著　　者	一般財団法人 国際経済連携推進センター
発 行 者	赤堀正卓
発行・発売	株式会社産経新聞出版
	〒100-8077 東京都千代田区大手町1-7-2 産経新聞社8階
	電話 03-3242-9930　FAX 03-3243-0573
印刷・製本	株式会社シナノ
	電話 03-5911-3355